D0943084

Opere di Alessandro Baricco:

Il genio in fuga. Sul teatro musicale di Rossini (Il Melangolo, 1988)
Castelli di rabbia (Rizzoli, 1991; Feltrinelli, 2007)
L'anima di Hegel e le mucche del Wisconsin (Garzanti, 1992; Feltrinelli, 2009)
Oceano mare (Rizzoli, 1993; Feltrinelli, 2007)
Novecento (Feltrinelli, 1994)
Barnum. Cronache dal Grande Show (Feltrinelli, 1995)
Seta (Rizzoli, 1996; Feltrinelli, 2008)
Barnum 2. Altre cronache dal Grande Show (Feltrinelli, 1998)
City (Rizzoli, 1999; Feltrinelli, 2007)
Senza sangue (Rizzoli, 2002; Feltrinelli, 2009)
Next. Piccolo libro sulla globalizzazione e sul mondo che verrà (Feltrinelli, 2002)
Omero, Iliade (Feltrinelli, 2004)
Questa storia (Fandango, 2005; Feltrinelli, 2007)
I barbari. Saggio sulla mutazione (Fandango, 2006; Feltrinelli, 2008)
Herman Melville. Tre scene da Moby Dick (Fandango, 2009)
Emmaus (Feltrinelli, 2009)
Mr Gwyn (Feltrinelli, 2011)
Tre volte all'alba (Feltrinelli, 2012)
Una certa idea di mondo (Gruppo Editoriale L'Espresso, 2012; Feltrinelli, 2013)
Palladium Lectures (2 dvd + libro; Feltrinelli, 2013)
Smith & Wesson (2014)

ALESSANDRO BARICCO
I barbari

Saggio sulla mutazione

Prima edizione Fandango Libri 2006

© Giangiacomo Feltrinelli Editore Milano
Prima edizione nell'"Universale Economica" aprile 2008
Settima edizione settembre 2014

Stampa Nuovo Istituto Italiano d'Arti Grafiche - BG

ISBN 978-88-07-88303-3

FSC
www.fsc.org
MISTO
Carta
da fonti gestite in
maniera responsabile
FSC® C015216

Nota dell'Editore
Questa edizione de *I barbari. Saggio sulla mutazione* di Alessandro Baricco, che raccoglie le trenta puntate pubblicate dal quotidiano "la Repubblica" dal 12 maggio al 21 ottobre 2006, è completata da un capitolo di Note e uno di Date, a cura di Sara Beltrame e Cosimo Bizzarri. Il testo conserva i riferimenti temporali ai giorni di pubblicazione. Sono contrassegnati da un asterisco i nomi e le espressioni che rimandano alle voci delle Note, disposte in ordine alfabetico in fondo al volume. Nella sezione Date i curatori propongono una selezione di notizie relative a ogni giorno di uscita delle diverse puntate.

Per le citazioni nel testo:
Cormac McCarthy, *Non è un paese per vecchi* (traduzione di Martina Testa), Einaudi 2006
Wolfgang Schivelbusch, *La cultura dei vinti* (traduzione di Nicola Rainò), il Mulino 2006
Walter Benjamin, *Selected Writings*, The Belknap Press of Harvard University Press 2006

Per le immagini alle pagine 113 e 117:
Ingres, Jean-Auguste Dominique (1780-1867): *Ritratto di Louis-François Bertin*, Parigi, Louvre. © Foto Scala, Firenze 1990
Ingres, Jean-Auguste Dominique (1780-1867): *Ritratto di Monsieur Rivière*. Parigi, Louvre. © Foto Scala, Firenze 1990

www.feltrinellieditore.it
Libri in uscita, interviste, reading,
commenti e percorsi di lettura.
Aggiornamenti quotidiani

IL RAZZISMO
È UNA
BRUTTA STORIA.
razzismobruttastoria.net

Questo testo ha una genesi strana. L'ho scritto tra il maggio e l'ottobre del 2006, a un ritmo per me piuttosto forsennato. Ogni cinque, sei giorni ne pubblicavo una puntata sul giornale con cui collaboro, *la Repubblica*. Probabilmente, se avessi deciso di scrivere un normale libro di saggistica, avrei usato una lingua diversa, avrei argomentato di più, avrei riflettuto di più, e, potendo tornare indietro e correggere, avrei costruito meglio l'architettura del discorso. Ma mi andava di fare quella sorta di lavoro in diretta, sotto gli occhi dei lettori, attento più all'urgenza del pensare, che alla prudenza del pubblicare.

Adesso questo volume raccoglie quelle trenta puntate e le custodisce nella forma più austera di un vero e proprio libro, per i lettori che non hanno voluto o potuto seguirle mentre stavano nascendo. Ho corretto molto poco e cambiato quasi nulla: mi piaceva che il testo rimanesse quello che era in origine, con le sue debolezze, le sue incaute velocità, e la sua schietta barbarie. In questo modo mi sembra che esso sia effettivamente ciò che volevo che fosse: la memoria di una piccola impresa irregolare.

AB

novembre 2006

Inizio

Non sembra, ma questo è un libro. Ho pensato che mi sarebbe piaciuto scriverne uno, a puntate, sul giornale, in mezzo alle frattaglie di mondo che quotidianamente passano da lì. Mi attirava la fragilità della cosa: è come scrivere allo scoperto, in piedi su un torrione, tutti che ti guardano e il vento che tira, tutti che passano, pieni di cose da fare. E tu lì senza poter correggere, tornare indietro, ridisegnare la scaletta. Come viene, viene. E, il giorno dopo, involtolare insalata, o diventare il cappello di un imbianchino. Ammesso che se li facciano ancora, i cappelli, col giornale – come barchette sul litorale delle loro facce.

Ogni tanto, e mica solo nel lavoro, ci si va a cercare una qualche indigenza. Ed è probabilmente un modo di recuperare una qualche autenticità.

Comunque non vorrei creare false aspettative, quindi chiarisco che non è un romanzo. Il romanzo a puntate, quello non mi attira per niente. Per cui sarà un saggio, nel senso letterale del termine, cioè un tentativo: di pensare: scrivendo. Ci sono alcune cose che mi va di capire, a proposito di quel che sta succedendo qui intorno. Per "qui intorno" intendo la sottilissima porzione di mondo in cui mi muovo io: persone che hanno studiato, persone che stanno studiando, narratori, gente di spettacolo, intellettuali, cose così. Un mondaccio, per molti versi, ma alla fine è lì che le idee pascolano, ed è lì che sono stato seminato. Dal resto del mondo ho perso contatto un sacco di tempo fa, e non è bello, ma è vero. Si fa un sacco di fatica a capire la propria zolla di terra, non resta molto per capire il resto del campo.

Ma forse in ogni zolla, a saperla leggere, c'è il campo intero.

E comunque, dicevo che c'è qualcosa, lì, che mi andrebbe di capire. Prima pensavo di intitolarlo così, il libro: *La mutazione*. Solo che non mi è riuscito di trovare nessuno a cui, anche solo vagamente, piacesse. Pazienza. Però era un titolo puntuale. Voglio dire che quella è precisamente la cosa che mi piacerebbe capire: in cosa consiste la mutazione che vedo intorno a me.

Dovendo riassumere, direi questo: tutti a sentire, nell'aria, un'incomprensibile apocalisse imminente; e, ovunque, questa voce che corre: stanno arrivando i barbari. Vedo menti raffinate scrutare l'arrivo dell'invasione con gli occhi fissi nell'orizzonte della televisione. Professori capaci, dalle loro cattedre, misurano nei silenzi dei loro allievi le rovine che si è lasciato dietro il passaggio di un'orda che, in effetti, nessuno però è riuscito a vedere. E intorno a quel che si scrive o si immagina aleggia lo sguardo smarrito di esegeti che, sgomenti, raccontano una terra saccheggiata da predatori senza cultura né storia.

I barbari, eccoli qua.

Ora: nel mio mondo scarseggia l'onestà intellettuale, ma non l'intelligenza. Non sono tutti ammattiti. Vedono qualcosa che c'è. Ma quel che c'è, io non riesco a guardarlo con quegli occhi lì. Qualcosa non mi torna.

Potrebbe essere, me ne rendo conto, il normale duello fra generazioni, i vecchi che resistono all'invasione dei più giovani, il potere costituito che difende le sue posizioni accusando le forze emergenti di barbarie, e tutte quelle cose che sono sempre successe e abbiamo visto mille volte. Ma questa volta sembra diverso. È così profondo, il duello, da sembrare diverso. Di solito si lotta per controllare i nodi strategici della mappa. Ma qui, più radicalmente, sembra che gli aggressori facciano qualcosa di molto più profondo: *stanno cambiando la mappa*. Forse l'hanno perfino già cambiata. Dovette succedere così negli anni benedetti in cui, per esempio, nacque l'Illuminismo, o nei giorni in cui il mondo tutto si scoprì, d'improvviso, romantico. Non erano spostamenti di truppe, e nemmeno figli che uccidevano i padri. Erano dei mutanti, che sostituivano un paesaggio a un altro e lì fondavano il loro habitat.

Forse è un momento di quelli. E quelli che chiamiamo barbari sono una specie nuova, che ha le branchie dietro alle orecchie e ha deciso di vivere sott'acqua. Ovvio che da fuori, noi, coi nostri polmoncini, ne caviamo l'impressione di un'apocalisse imminente. Dove quelli respirano, noi moriamo. E quando vediamo i nostri figli guardare vogliosi l'acqua, temiamo per loro, e ciecamente ci scagliamo contro ciò che solamente riusciamo a vedere, cioè l'ombra di un'orda barbarica in arrivo. Intanto, i suddetti figli, sotto le nostre ali, già respirano da schifo, grattandosi dietro alle orecchie, come se ci fosse qualcosa, là, da liberare.

È lì che mi vien voglia di capire. Non so, forse c'entra anche questa curiosa asma che mi prende sempre più spesso, e la strana inclinazione a nuotare a lungo sott'acqua, fino a quando proprio non trovo in me branchie pronte a salvarmi.

Comunque. Mi piacerebbe guardare quelle branchie da vicino. E studiare l'animale che si sta ritirando dalla terra, e sta diventando pesce. Vorrei spiare la mutazione, non per spiegarne l'origine (questo è fuori portata), ma per riuscire anche lontanamente a *disegnarla*. Come un naturalista d'altri tempi che disegna sul taccuino la nuova specie scoperta nell'isolotto australiano. Oggi ho aperto il taccuino.

Non ci capite niente? Ovvio, il libro non è ancora nemmeno iniziato.

È un viaggio per viandanti pazienti, un libro.

Spesso i libri iniziano con un rito che io amo molto, e che consiste nello scegliere un'epigrafe. È quel tipo di frasetta o citazione che si mette nella prima pagina, giusto dopo il titolo e l'eventuale dedica, e che serve da viatico, da benedizione. Per dire, ecco l'epigrafe di un libro di Paul Auster:

"L'uomo non ha una sola e identica vita; ne ha molte giustapposte, ed è la sua miseria" (Chateaubriand).

Spesso suonano così: qualsiasi boiata dicano, tu ci credi. Apodittiche, per dirla nella lingua di quelli che respirano con i polmoni.

A me piacciono quelle che tracciano i bordi del campo. Cioè ti fanno capire più o meno in che campo quel libro va a giocare. Il grande Melville, quando si trattò di scegliere l'epigrafe per *Moby Dick*, si lasciò un po' prendere la mano, e finì per selezionare 40 citazioni. Ecco la prima:

"E Dio creò le grandi balene" (*Genesi*).

Ed ecco l'ultima:

"Oh la Balena grande e fiera, / tra il vento e la bufera, / oh il gigante che sa dominare l'infinito mare!" (*Canzone baleniera*).

Credo che fosse un modo di far capire che in quel libro ci sarebbe stato il mondo intero, da Dio alle scoregge dei marinai di Nantucket. O quanto meno, questo era il programmino di Melville.

Anima candida!, direbbe Vonnegut*, con il punto esclamativo.

Così, per questo libro, io avrei scelto quattro epigrafi. Giusto per segnare i bordi del campo da gioco. Ecco la prima: viene da un bellissimo libro uscito da poco in Italia. L'ha scritto Wolfgang Schivelbusch* ed è intitolato *La cultura dei vinti*. (Sono titoli a cui, essendo tifoso del Toro, non posso resistere.) Ecco cosa dice a un certo punto:

"Il timore di essere sopraffatti e distrutti da orde barbariche è vecchio come la storia della civiltà. Immagini di desertificazione, di giardini saccheggiati da nomadi e di palazzi in sfacelo nei quali pascolano le greggi sono ricorrenti nella letteratura della decadenza dall'antichità fino ai giorni nostri".

Copiate e mettete da parte.

Seconda epigrafe: la seconda epigrafe la trovate nella prossima puntata.

Che vento che tira, su 'sto torrione.

EPIGRAFI

La seconda epigrafe di questo libro viene da lontano. 7 maggio 1824. Beethoven presenta, a Vienna, la *Nona* sinfonia. Come andò veramente quel giorno è una storia che prima o poi mi piacerebbe raccontare. Non qui, non è il posto giusto. Ma vi dico che prima o poi lo farò, perché è una cosa importante, capire. "Quante cose nate o morte in un momento", è una frase di Roxane, nel *Cyrano*, ma va bene anche per la sera in cui per la prima volta degli umani ascoltarono l'*Inno alla Gioia* (pochi umani, perché molti, sfiniti, a metà concerto tagliarono la corda). Sono momenti, quelli. Prima o poi bisognerà decidersi a raccontarli, veramente. Non adesso, comunque.

Non adesso, ma una cosa la vorrei dire, perché credo che c'entri con i barbari, e la cosa è che Beethoven quella sera si recò a teatro vestito con un frac verde, non ne aveva di un colore più decente, più rispettabile, e così dovette mettere quel frac verde, e in un certo senso, mentre usciva di casa, quella era la sua maggiore preoccupazione, cosa avrebbero detto del suo frac tragicamente verde, e allora il suo segretario, che si chiamava Schindler, lo rassicurò, e gli disse che non doveva preoccuparsi perché il teatro sarebbe stato sicuramente in penombra e quindi era improbabile che la gente notasse l'esatto colore del suo frac, che era, nella circostanza, verde.

Andò proprio così. E quando sarò arrivato alla ventesima puntata di questo libro mi riuscirà più facile spiegarvi come sia importante questo aneddoto. Sarà fra mesi, immagino, ma allora non avrete difficoltà a capire questa frase: *era anche una questione di come andavano vestiti*. Promesso.

Comunque. Non era questo che volevo dire. Ero alla seconda epigrafe. Dunque, apparve la *Nona* di Beethoven ed è curioso capire come la presero. La gente, i critici, tutti. Era proprio uno di quei momenti in cui alcuni umani si scoprono le branchie dietro alle orecchie e iniziano timidamente a pensare che loro starebbero molto meglio in acqua. Erano sulla soglia di una mutazione micidiale (l'abbiamo poi chiamata: *Romanticismo*. Non ne siamo ancora usciti adesso). Quindi è molto importante andare a vedere cosa dissero e pensarono in quel momento. E allora ecco cosa scrisse un critico londinese, l'anno dopo, quando poté finalmente leggere e sentire la *Nona*. Ci tengo a dire che non era un fesso, e scriveva per una rivista autorevole che si chiamava *The Quarterly Musical Magazine and Review*. E questo fu ciò che scrisse, e che io metto qui, come seconda epigrafe:

"Eleganza, purezza e misura, che erano i princìpi della nostra arte, si sono gradualmente arresi al nuovo stile, frivolo e affettato, che questi tempi, dal talento superficiale, hanno adottato. Cervelli che, per educazione e abitudine, non riescono a pensare a qualcosa d'altro che i vestiti, la moda, il gossip, la lettura di romanzi e la dissipazione morale, fanno fatica a provare i piaceri, più elaborati e meno febbrili, della scienza e dell'arte. Beethoven scrive per quei cervelli, e in questo pare che abbia un certo successo, se devo credere agli elogi che, da ogni parte, sento fiorire per questo suo ultimo lavoro".

Voilà.

Quel che mi fa sorridere è che la *Nona*, ai giorni nostri, è esattamente uno dei baluardi più alti e rocciosi di quella cittadella che sta per essere assaltata dai barbari. Quella musica è diventata bandiera, inno, fortificazione suprema. È la nostra civiltà. Be', ho una notizia da dare. C'è stato un tempo in cui la

Nona era la bandiera dei barbari! Lei e i lettori di romanzi: tutti barbari! Quando li vedevano arrivare all'orizzonte, correvano a nascondere le figlie e i gioielli! Sono colpi. (Così, per inciso: come si è arrivati a pensare che quelli che NON leggono romanzi sono i barbari?)

A proposito di *Nona*, sentite questa. Perché i CD sono grandi così e contengono quella certa quantità di minuti di musica? In fondo, quando li hanno inventati potevano farli un po' più grandi, o un po' più piccoli, perché proprio quella misura lì? Risposta: alla Philips*, nel 1982, quando si trattò di decidere, pensarono questa: ci deve stare dentro l'intera *Nona* sinfonia di Beethoven. Ai tempi ci voleva un supporto di 12 cm per fare una cosa del genere. Così nacque il CD. Ancora adesso un disco di Madonna, per dire, si allinea alla durata di quella sinfonia.

Curioso, no? Ma è vero? Non lo so. L'ho letto su una rivista francese che si intitola *L'Echo des Savanes,* e una pagina su tre ci trovi donne nude e fumetti. Quando sei in treno, in mezzo alla gente, leggerla è tutta una fatica, soprattutto se sei cresciuto da cattolico. Nel suo campo è comunque una rivista autorevole, per quanto mi sfugga, in effetti, quale sia il suo campo. In ogni caso il punto che mi interessa è: l'aneddoto della Philips, anche se non è veritiero, dice una cosa perfettamente vera, cioè il carattere totemico assoluto della *Nona*. E lo dice con una sintesi che non ho mai trovato in decine di libri senza donne nude. Questo mi piace, e c'entra con questo libro. Cos'è questa nuova forma di verità, probabilmente immaginaria ma così esatta da rendere inutile qualsiasi verifica? E perché proprio là, in mezzo a tette e culi? È una cosa su cui, se riesco, ritornerò nel terzo capitolo di questo libro. Mi resta da capire bene di cosa parleranno i primi due.

Tranquilli. Faccio finta. Un piano ce l'ho. Ad esempio, so che andrò a scrivere l'ultimo capitolo del libro sulla Grande Muraglia cinese.

Va be'. Passiamo alla terza epigrafe.

Epigrafi 2

Riassuntino: questo è un libro a puntate, un saggio sull'arrivo dei barbari. Per adesso sono ancora alla prima pagina, cioè quella in cui si mettono le epigrafi. Ne ho già staccate due. Adesso si tratta di vedere la terza. La terza la devo a Walter Benjamin. E qui, una parentesi si impone.

Walter Benjamin, lo dico per quelli che non lo conoscono, era tedesco (per cui, per favore, non si pronuncia Bengiamin, come se fosse vissuto in Connecticut). Nato a Berlino nel 1892, morto 48 anni dopo, suicida. Di lui si potrebbe dire che è stato il più grande critico letterario della storia della critica letteraria. Ma sarebbe riduttivo. In realtà era uno che studiava il mondo. Il modo di pensare del mondo. Per farlo, usava spesso i libri che leggeva, perché gli sembravano una porta d'accesso privilegiata alla mente del mondo. Ma in realtà sapeva usare, altrettanto bene, qualsiasi altra cosa: che fosse la magia della fotografia, o le pubblicità dei reggiseni, o la topografia di Parigi, o quel che la gente mangiava.

Scriveva molto, in maniera quasi ossessiva, ma non gli riuscì praticamente mai di confezionare un bel libro, completo e compiuto: quello che ha lasciato dietro di sé è un'enorme massa di appunti, saggi, aforismi, recensioni, articoli, e indici di libri mai scritti. Di che far diventare pazzo un editore. Visse intristito dalla constatazione che da nessuna parte avevano un posto sicuro e uno stipendio per lui: università, giornali, editori, fondazioni gli facevano molti complimenti, ma mai riuscivano a trovare il sistema di lavorarci insieme. Così si rassegnò a vivere in perenne indigenza economica. Lui diceva che questo gli aveva quanto meno riservato un privilegio sottile: svegliarsi quando cavolo gli pareva, ogni mattina. Ma va detto che, per lo più, non la prese affatto bene. Ancora una cosa: era ebreo e marxista. Se eri ebreo e marxista, la Germania nazista non era propriamente il posto migliore dove invecchiare serenamente.

Nel contesto di questo libro, c'è una cosa, di lui, che suona come la più importante. Non è facile da spiegare, quindi sedetevi, e se non potete sedervi, interrompete, e ripartite quando potete usare tutti i neuroni. Ecco: lui non cercava mai di capire cos'*era* il mondo, ma, sempre, cosa *stava per diventare* il mondo. Voglio dire che ad affascinarlo, nel presente, erano gli indizi delle mutazioni che, quel presente, avrebbero dissolto. Erano le trasformazioni, che lo interessavano: dei momenti in cui il mondo riposava su se stesso non gliene fregava niente. Da Baudelaire alle pubblicità, qualsiasi cosa su cui si chinava diventava la profezia di un mondo a venire, e l'annuncio di una nuova civiltà.

Provo a essere più preciso: per lui capire non significava collocare l'oggetto di studio nella mappa conosciuta del reale, definendo cos'era, ma intuire in cosa, quell'oggetto, avrebbe modificato la mappa, rendendola irriconoscibile. Lo faceva godere studiare l'esatto punto in cui una civiltà trova il punto d'appoggio per ruotare su se stessa e diventare paesaggio nuovo e inimmaginabile. Lo faceva morire descrivere quel movimento titanico che per i più era invisibile, e per lui, invece, così evidente. Fotografava il divenire, e anche per questo le sue foto vennero, per così dire, sempre un po' mosse, e quindi inutilizzabili da istituzioni che davano uno stipendio, e obiettivamente ostiche per chi le guardava. Era il genio assoluto di un'arte molto particolare, che un tempo si chiamava profezia, e adesso sarebbe più proprio definire come: l'arte di decifrare le mutazioni un attimo prima che avvengano.

Uno così, poteva non figurare tra le epigrafi di questo libro? No.

E allora ecco la terza epigrafe. (Qui potete anche alzarvi e rilassarvi.) Ho spesso pensato a come sarebbe stato utile, pazzescamente utile, uno come lui, dopo la guerra, quando tutto è saltato, e abbiamo iniziato a diventare quello che siamo adesso. È atroce il fatto che lui non abbia potuto conoscere la televisione, Elvis, l'Unione Sovietica, il registratore, il fast-food, JFK, Hiroshima, il forno a microonde, l'aborto legalizzato, John Patrick McEnroe, le giacche di Armani, Spiderman, Papa Giovanni, e un sacco di altre cose. Ci pensate cosa avrebbe potuto farne, di un materiale del genere? Capace che ci spiegava tutto (sempre in modo un po' mosso, questo è vero) con anni di anticipo. Lui era uno che nel 1963, per dire, avrebbe potuto profetizzare, senza neanche troppo sforzo, il reality show. Ma non andò così. Benjamin si fece fuori in un buco di cittadina al confine tra Francia e Spagna. Era il settembre del 1940. Si era convinto, alla fine, a scappare dal delirio bellico nazista, e quel che aveva in mente era di arrivare in Portogallo e poi, sebbene controvoglia, andarsene in America. Ebbe una grana coi visti. Lo fermarono lì, al confine, tenendolo un po' sulla corda. Lui, di notte, pensò che non era cosa per lui. E la fece finita con una dose mortale di morfina. Il giorno dopo arrivò il suo visto, col timbro e tutto. Si sarebbe salvato. Finale shakespeariano.

Ogni tanto (e ci ricasco) mio figlio mi chiede: ma tra uno forte e uno intelligente, chi vince? È una buona domanda. Tra Rita Levi Montalcini e John Cena*, chi vince? Di solito rispondo Rita Levi Montalcini, perché è la risposta politicamente corretta e io sono, come risulta dai settimanali, un buonista veltroniano. Ma ci tengo a sottolineare che quella volta no. In quella faccenda di Benjamin vinse il più forte. Lui era il più intelligente che ci fosse. E perse. Non c'è santo.

Non mi son dimenticato l'epigrafe, ci sto arrivando. Quando penso a cosa ci siamo persi con la morte di Benjamin, lo penso perché so che a lui, pur essendo un erudito bestiale, non avrebbe fatto schifo occuparsi di Spiderman, o di McDonald's. Voglio dire che lui è stato uno dei primi a pensare che il DNA di una civiltà si costruisce non soltanto nelle curve più alte del suo sentire, ma anche, se non soprattutto, nelle sue sbandate apparentemente più insignificanti. Di fronte alla cultura non era un bigotto: era un laico integrale. In ciò rappresenta, senza alcun dubbio, un modello: in quel suo essere capace di dedurre il nervo del mondo da Baudelaire così come da un manuale di giardinaggio (lo fece davvero), c'è una scelta di campo che suona come una lezione definitiva. Per me è sintetizzata in un'immagine, quasi un *frame*, un'occhiata come un lampo, che mi è accaduto di vivere, a tradimento, in una libreria a San Francisco. Anzi, a dirla tutta, era proprio la libreria di Ferlinghetti*, la mitica *City Lights*.

Stavo lì a sfogliare libri, per il puro piacere di sfogliare, e a un certo punto casco sull'edizione americana degli scritti di Benjamin. È una cosa immensa, in realtà, e lì ce n'erano giusto due volumi, a caso. Apro e sfoglio. Gli americani (come peraltro gli italiani) son venuti fuori dal gran casino delle sue carte decidendo di pubblicarne una selezione in ordine cronologico.

L'anno che avevo io in mano era il 1931. Sono andato a cercarmi l'indice, perché la sequenza dei titoli dei suoi scritti è già, di per sé, una lezione.

Critica della nuova oggettività
Hofmannsthal e Alceo Dossena
Karl Kraus
La critica come disciplina fondamentale della storia letteraria
Lettere tedesche
Critica teologica
Tolgo la mia biblioteca dalle casse

Franz Kafka
Piccola storia della fotografia
Paul Valéry

Leggevo e godevo abbastanza. La lista della spesa di un genio. Poi c'era scritto:

Il terremoto di Lisbona
Il carattere distruttivo
Riflessioni sulla radio

Vedi, la radio, stavo pensando, quando sono arrivato al titolo dopo. E il titolo dopo era un titolo che forse aspettavo da anni, che probabilmente avevo sognato di trovare per anni, negli indici benjaminiani, senza mai trovarlo, in verità, ma anche senza perdere del tutto la speranza. E adesso, eccolo lì.

Mickey Mouse

Non so, io ormai mi commuovo anche a vedere *Le cronache di Narnia*, ma insomma, lì, nella libreria di Ferlinghetti, mi sono commosso. Topolino. C'è un frammento di Benjamin intitolato: Topolino. Voglio dire, quell'uomo aveva tradotto Proust*, aveva capito di Baudelaire più di quanto ne avessero mai capito prima, aveva scritto un libro fondamentale sul dramma barocco tedesco (quasi quasi, solo lui sapeva cos'era), passava il tempo a rivoltare Goethe come un calzino, recitava a memoria Marx, adorava Erodoto, regalava le sue idee ad Adorno*, e al momento buono pensò che per capire il mondo – per capire il mondo, non per essere un erudito inutile – sarebbe stato opportuno capire chi? Topolino.

Eccola qui, allora, la terza epigrafe.

"Mickey Mouse" (W. Benjamin).

Così, pulita pulita come mi apparve quel giorno a San Francisco.

"Mickey Mouse" (W. Benjamin).

Valga da impegno. Sarà, questo, un libro a cui non farà schifo niente.

(E adesso, se non morite dalla voglia di sapere cosa scrisse Benjamin su Topolino, allora siete proprio alla frutta. Con un certo piacere, posso dire che, se non mi sbaglio, quella pagina, nell'edizione italiana, non c'è. Quindi se la volete leggere dovete aspettare la prossima puntata. La metterò lì, come bonus track. Eh, eh.)

Ormai l'ho promesso, quindi mi tocca darvi da leggere la pagina di Walter Benjamin dedicata a Mickey Mouse. Non aspettatevi un granché. Intanto è una pagina di diario, quindi erano appunti che prendeva per se stesso, giusto per non dimenticare niente. E poi per un cervello come quello di Benjamin, Disney doveva essere molto più difficile, da capire, che, poniamo, un Goethe. Mi viene in mente quello che diceva Glenn Gould*, per giustificare il fatto di non amare il rock: "Non riesco a capire le cose troppo semplici". Erano cervelli fatti così.

Resta comunque il fatto che Benjamin avrebbe benissimo potuto risparmiarsi una riflessione su Topolino, eppure la fece, e questa è, come dicevo, una lezione: e quel che scrisse, una specie di reperto feticistico. Lo riporto qui, integralmente.

"Da una conversazione con Gustav Glück e Kurt Weill*. Relazioni di proprietà nei cartoni animati di Mickey Mouse: lì, per la prima volta, capiamo che è possibile essere derubati del proprio braccio, e perfino del proprio corpo.

Il percorso di Mickey Mouse è più simile a quello di una pratica d'ufficio che a quello di un maratoneta.

In questi film, la specie umana si prepara a sopravvivere alla civilizzazione.

Mickey Mouse dimostra che una creatura può ancora sopravvivere anche se privata di sembianze umane. Distrugge l'intera gerarchia delle creature che si suppone culmini nell'umanità.

Questi film sconfessano il valore dell'esperienza più radicalmente di quanto si sia mai fatto. In quel mondo, non vale la pena provare esperienze.

Analogie con le favole. No, giacché gli elementi più vitali nelle favole sono evocati in modo meno simbolico e suggestivo. C'è un incommensurabile divario tra esse e Maeterlinck o Mary Wigman. Tutti i film di Mickey Mouse sono basati sul tema dell'andar via di casa per scoprire cos'è la paura.

Per cui la spiegazione dell'enorme successo di questi film non è data dalla tecnica, dalla forma; non è neanche un fraintendimento. È semplicemente data dal fatto che il pubblico vi riconosce la propria stessa vita."

D'accordo, non si capisce un granché. Però ci sono almeno due frasi che mi piacciono molto. La prima e l'ultima. La prima è preziosa perché spiega di cosa parlavano due cervelli come Benjamin e Kurt Weill quando si incontravano: parlavano di Walt Disney (be', magari non sempre, ma almeno una volta sì).

L'ultima, nel suo candore, mi commuove, perché ci vedo tutto il gran macchinario della riflessione marxista chinarsi eroicamente sull'ultima boiata americana, nell'intento sublime di cercare di capirne il successo, simile a un elefante che cercasse di infilarsi nel buco del lavandino. Mi vedo Benjamin che rilegge, si toglie gli occhiali e, spegnendo la luce, pensa: va be', questa è un po' stiracchiata, eh?

Fine della parentesi Benjamin.

La quarta e ultima epigrafe di questo libro, la rubo a un altro sommo maestro. Cormac McCarthy*. Passa il tempo, ma il vecchio Faulkner* de' noantri*, dal suo rifugio di El Paso, continua a sciorinare capolavori. L'ultimo suo libro pubblicato in Italia si intitola *No Country for Old Men* (*Non è un paese per vecchi*). Il maestro deve aver pensato che non era più tempo di poesia e visioni, per cui ha asciugato per bene la sua storia e quando è arrivato all'osso ce l'ha tirata dietro. Per il lettore l'impressione è questa: eri andato a trovarlo per chiedergli cosa pensava del mondo e lui, senza nemmeno far capolino dalla staccionata, ti ha accolto con una fucilata. Tu ti giri e te ne vai.

Splendida fucilata, comunque. La storia è quella di una caccia all'uomo: un vecchio sceriffo insegue un killer spietato. Quanto allo sceriffo, per me entra nella galleria dei grandi personaggi da romanzo. Quanto al killer, è spietato in un modo così radicale e immorale e demoniaco, che il vecchio sceriffo riesce solo a dire: "Mi pareva di non aver mai visto uno come lui e mi è venuto da chiedermi se magari non era un nuovo tipo di persona". E già questa poteva essere una bella epigrafe, per un libro che cerca di capire i barbari che stanno arrivando. Ma in realtà, la citazione che ho scelto è un'altra. Perché è ancora più dura. È uno sparo.

"Non era difficile parlare con lui. Mi chiamava sceriffo. Ma io non sapevo cosa dirgli. Cosa si dice a uno che per sua stessa ammissione non ha l'anima? Perché gli si dovrebbe dire qualcosa? Ci ho pensato tanto. Ma lui era niente in confronto a quello che sarebbe venuto dopo."

Pum.

E così le quattro epigrafi sono scelte. Non per guadagnare spazio senza sforzo, ma mi piacerebbe riportarle adesso una sotto l'altra, perché in certo modo sono un'unica lunga frase, e sono lo steccato dentro cui pascolerà questo libro. Sarebbero da leggere in un unico, lungo, respiro della mente.

"Il timore di essere sopraffatti e distrutti da orde barbariche è vecchio come la storia della civiltà. Immagini di desertificazione, di giardini saccheggiati da nomadi e di palazzi in sfacelo nei quali pascolano le greggi sono ricorrenti nella letteratura della decadenza dall'antichità fino ai giorni nostri" (W. Schivelbusch).

"Eleganza, purezza e misura, che erano i princìpi della nostra arte, si sono gradualmente arresi al nuovo stile, frivolo e affettato, che questi tempi, dal talento superficiale, hanno adottato. Cervelli che, per educazione e abitudine, non riescono a pensare a qualcosa d'altro che i vestiti, la moda, il gossip, la lettura di romanzi e la dissipazione morale, fanno fatica a provare i piaceri, più elaborati e meno febbrili, della scienza e dell'arte. Beethoven scrive per quei cervelli, e in questo pare che abbia un certo successo, se devo credere agli elogi che, da ogni parte, sento fiorire per questo suo ultimo lavoro" (*The Quarterly Musical Magazine and Review*, 1825).

"Mickey Mouse" (W. Benjamin).

"Non era difficile parlare con lui. Mi chiamava sceriffo. Ma io non sapevo cosa dirgli. Cosa si dice a uno che per sua stessa ammissione non ha l'anima? Perché gli si dovrebbe dire qualcosa? Ci ho pensato tanto. Ma lui era niente in confronto a quello che sarebbe venuto dopo" (C. McCarthy).

Ecco fatto. Adesso il libro può davvero iniziare.

Il primo capitolo si intitolerà: *Saccheggi*.

SACCHEGGI

Vino 1

Arrivano da tutte le parti, i barbari. E un po' questo ci confonde, perché non riusciamo a tenere in pugno l'unità della faccenda, un'immagine coerente dell'invasione nella sua globalità. Ci si mette a discutere delle grandi librerie, dei fast-food, dei reality show, della politica in televisione, dei ragazzini che non leggono, e di un sacco di cose del genere, ma quello che non riusciamo a fare è guardare dall'alto, e scorgere la figura che gli innumerevoli villaggi saccheggiati disegnano sulla superficie del mondo. Vediamo i saccheggi, ma non riusciamo a vedere l'invasione. E quindi a comprenderla.

Credetemi: è dall'alto, che bisognerebbe guardare.

È dall'alto che forse si può riconoscere la mutazione genetica, cioè le mosse profonde che poi creano, in superficie, i guasti che conosciamo. Io cercherò di farlo provando a isolare alcune mosse che mi sembra siano comuni a molti degli atti barbarici che rileviamo in questi tempi. Mosse che alludono a una precisa logica, per quanto difficile da capire, e a una chiara strategia, per quanto inedita. Vorrei studiare i saccheggi non tanto per spiegare com'è andata e cosa si può fare per ritirarsi in piedi, quanto per arrivare a leggerci dentro il modo di pensare dei barbari. E vorrei studiare i mutanti con le branchie per vedere, riflessa in loro, l'acqua che sognano e che stanno cercando.

Partiamo da un'impressione assai diffusa, magari superficiale, ma legittima: ci sono oggi molti gesti, per anni appartenuti alle consuetudini più alte dell'umanità, che, lungi dall'agonizzare, si moltiplicano con sorprendente vitalità: il problema è che in questo fertile rigenerarsi, sembrano smarrire il tratto più profondo che avevano, la ricchezza a cui erano in passato arrivati, forse perfino la loro più intima ragione d'essere. Si direbbe che vivano a prescindere dal loro senso: che avevano, e ben definito, ma che sembra essere diventato inutile. Una perdita di senso.

Non hanno anima, i mutanti. Non ce l'hanno i barbari. Così si dice. Così testimonia lo sceriffo di Cormac McCarthy, pensando al suo killer. "Cosa si dice a uno che per sua stessa ammissione non ha l'anima?"

Vogliamo provare a studiare la faccenda più da vicino? Ho scelto tre ambiti particolari dove questo fenomeno sembra essersi manifestato negli ultimi anni: il vino, il calcio e i libri. Mi rendo conto che, soprattutto nei primi due casi, non ci troviamo di fronte a gesti nevralgici della nostra civiltà: ma appunto questo mi attrae: studiare i barbari nel loro saccheggio di villaggi periferici, non nel loro assalto alla capitale. È possibile che lì, dove la battaglia è più semplice, circoscritta, sia più facile intuire la strategia dell'invasione, e le mosse fondative della mutazione.

Iniziamo dal vino, allora. Lo so che chi sa di vino (non nel senso di puzzare) troverà cose che già conosce, e chi invece non beve si chiederà perché mai interessarsi a una cosa di cui non gli frega niente. Ma vi chiedo lo stesso di ascoltare.

Ecco la storia. Per anni il vino è stato un'abitudine di alcuni, pochi paesi: era una bevanda con cui ci si dissetava e con cui ci si alimentava. Uso diffusissimo e statistiche di consumo agghiaccianti. Producevano fiumi di vinello da tavola e poi, per passione e cultura, si lasciavano andare all'arte vera e propria: e allora tiravano fuori i grandi vini. Lo facevano, quasi esclusivamente, francesi e italiani. Nel resto del mondo, è bene ricordarlo, bevevano altro: birra, superalcolici e cose anche più strane. Del vino non ne sapevano niente.

Ecco cosa successe dopo la Seconda guerra mondiale. Gli americani tornati dai campi di battaglia francesi e italiani si portarono a casa (oltre a un sacco di altre cose) il piacere e il ricordo del vino. Era qualcosa che li aveva colpiti. Noi iniziammo a masticare chewing-gum e loro iniziarono a bere vino. Cioè, gli sarebbe piaciuto berlo. Ma dove lo trovavano?

Detto fatto. Qualche pazzo americano si mise in testa di provare a farlo. E qui inizia la parte interessante della storia. Se volete un anno, un nome e un posto, eccoli: 1966, Oakville, California. Il signor Mondavi decide di fare il vino per gli americani. Nel suo genere, era un genio. Partì con l'idea di copiare i migliori vini francesi. Ma non gli sfuggì che andavano un po' adattati al pubblico americano: da quelle parti l'artista e il funzionario del marketing sono la stessa persona. Era un pioniere, non aveva quattro generazioni di artisti del vino alle spalle, e faceva vino dove nessuno aveva mai pensato di produrre altro che pesche e fragole. Insomma, non aveva tabù. E fece, con una certa maestria, quello che voleva.

Sapeva che il pubblico americano era (quanto ai vini) profondamente ignorante. Erano aspiranti lettori che non avevano mai aperto un libro. Sapeva anche che era gente che mangiava spesso in maniera molto rudimentale, e che non avrebbe avuto la pressante necessità di trovare il bouquet giusto da abbinare a un confit de canard*. Se li immaginò con il loro bel cheeseburger e una bottiglia di barbaresco e capì che non poteva funzionare. Capì che, se volevano avere del vino, era per berlo prima di mangiare, come un drink, e capì che, se l'alternativa era un superalcolico, il vino non avrebbe dovuto deluderli: e se l'alternativa era una birra, il vino non avrebbe dovuto spaventarli. Era un americano e così sapeva, con lo stesso istinto che altri misero a frutto a Hollywood, che quel vino doveva essere semplice e spettacolare. Un'emozione per chiunque. Sapeva tutte queste cose e, evidentemente, aveva un qualche talento: voleva quel vino e lo fece.

Gli andò talmente bene che quella sua certa idea di vino è diventata un modello. Non ha un nome, così, per capirsi, gliene do uno io. Vino hollywoodiano. Ecco alcune sue caratteristiche: colore bellissimo, gradazione abbastanza spinta (se uno viene dal superalcolico, del dolcetto non sa cosa farsene), gusto rotondo, molto semplice, senza spigoli (senza tannini fastidiosi né acidità difficili da domare); al primo sorso c'è già tutto: dà una sensazione di ricchezza immediata, di pienezza di gusto e profumo; quando l'hai bevuto, la scia dura poco, gli effetti si spengono; interferisce poco con il cibo, ed è pienamente apprezzabile anche solo risvegliando le papille gustative con qualche stupido snack da bar; è fatto per lo più con uve che si possono coltivare quasi ovunque: chardonnay, merlot, cabernet sauvignon. Dato che è manipolato senza troppi timori reverenziali, ha una personalità piuttosto costante, rispetto alla quale la differenza delle annate diventa quasi trascurabile. Voilà.

Con questa idea di vino, il signor Mondavi e i suoi adepti hanno ottenuto un risultato singolare: gli Stati Uniti oggi consumano più vino che l'Europa. In trent'anni hanno quintuplicato le loro bevute di vino (si spera abbiano ridotto quelle di whisky). E questo è niente: il fatto è che il vino hollywoodiano non è rimasto un fenomeno americano ma, proprio come Hollywood, è diventato un fenomeno planetario: non si erano mai sognati di farlo, ma adesso bevono vino anche, per dire, in Cambogia, Egitto, Messico, Yemen, e posti anche più assurdi. Che vino bevono? Quello hollywoodiano. Neanche Francia e Italia, le due patrie del vino, ne sono uscite indenni: non solo bevono in gran quantità il vino hollywoodiano, ma si sono messe a produrlo. Si sono adattate, hanno corretto due o tre cose, e l'hanno fatto. Anche molto bene, bisogna dire. Adesso nelle enoteche di una città italiana è facile trovare l'italiano che, prima di cena, mangiando due patatine e salatini piccanti, beve il suo vino hollywoodiano fatto in Sicilia. È già qualcosa che non lo beva direttamente a canna, guardando alla tivù l'ultima partita di baseball.

I barbari!

Se andate da un vecchio maestro del vino, uno di quei francesi o italiani che sono cresciuti in famiglie in cui l'acqua a tavola non c'era, e che vivono sulla stessa collina in cui da tre generazioni la loro famiglia va a dormire nell'odore di mosto, e che conosce la propria terra e le proprie uve meglio del contenuto delle proprie mutande; se andate da un maestro in cui vive una sapienza secolare e una intimità assoluta col gesto di fare il vino; se andate da lui e gli fate bere un bicchiere di vino hollywoodiano (magari quello prodotto da lui stesso) e gli chiedete cosa ne pensa, ecco la sua risposta: bah. Alle volte articolano un po' di più, ma insomma bisogna interpretare un po'.

Interpreto così: non gli interessa, è una cosa divertente ma di nessuna importanza, ci ammirano la furbizia, magari, ma scuotono la testa pensando a quelli che se lo berranno, e non sanno cosa si perdono. Poi vanno di là a rifarsi la bocca con un barolo d'annata. È come far salire Schumacher su un go-kart, come far ascoltare *Let it be* a Glenn Gould, come chiedere a De Gasperi* un parere sull'UDC, come chiedere a Luciano Berio* cosa gli sembra di Philip Glass. Magari non lo dicono, ma lo pensano: simpatici, questi barbari.

Si potrebbe pensare che sia la solita arroganza dei vecchi potenti, una banale sindrome da *après moi le déluge**. Ma il vino è una cosa relativamente semplice, non è la musica o la letteratura, per cui potete fare la prova, potete bere e verificare, se avete un minimo di consuetudine con quel gesto. Prendete un barbaresco di alto livello e bevete: facilmente sentirete una serie di sensazioni se non sgradevoli, almeno faticose. Facilmente vi verrà da cercare la sponda di un qualche cibo proprio per ammortizzare quelle sensazioni. Al sorso dopo sarà già tutto cambiato (avete messo di mezzo, che so, un arrosto). E simultaneamente il primo sorso sta ancora lavorando e voi capite che gustare il vino è una faccenda che non riguarda tanto il primo sorso, o gli istanti in cui lo bevete, ma tutto il tempo dopo, la storia che il vino vi racconta dopo. Per tutta la cena fate un viaggio tra sensazioni che cambiano e vi impegnano, in qualche modo, e vi ricompensano, ma con misura e con uno strano, sofisticato, sadismo. Quando vi alzate, vi spiegano che quello era un barbaresco di una certa annata e di un certo podere: una delle tante possibilità. E le altre possibilità sono altri mondi, altre scoperte, altri viaggi. Roba da rimanerci intrappolati e risvegliarsi tempo dopo con venti chili di più e una insidiosa propensione alle vacanze enogastronomiche.

Se poi tornate al vino hollywoodiano, ne scegliete uno (magari esagero, ma sono talmente simili che potete scegliere quasi a caso) e tranquilli ve ne sorseggiate un bicchiere, seduti davanti a un'enoteca piacevole, capirete molte cose. Vi piacerà, sarete felici di stare lì, e, se non siete raffinati e colti bevitori, avrete perfino l'impressione di aver trovato il vino che avevate sempre cercato. Ma è indubbio che è un'altra cosa. Go-kart, se capite cosa voglio dire. E ve lo dice uno che piuttosto di fare una vacanza enogastronomica si spara un villaggio vacanze alle Canarie (be', esagero: non ne sarei capace *veramente*...).

Vino senz'anima. Nel suo piccolo, il microcosmo del vino descrive l'avvento, a livello planetario, di una prassi che, salvando il gesto, sembra (ho detto sembra) disperderne il senso, la profondità, la complessità, l'originaria ricchezza, la nobiltà, perfino la storia. Una mutazione molto simile a quelle che cercavamo. Vogliamo provare a studiarla un po' più in profondità? Si imparano un sacco di cose, avendo la pazienza di farlo.

Certo "barbari" è una parola un po' forte per definire i consumatori di vino hollywoodiano, ma, come dicevamo, un certo svilimento del vino c'è, nella loro scelta: e il loro moltiplicarsi in progressione geometrica fa pensare a un effettivo svuotamento di una cultura raffinata e complessa. L'avvento di una forma di (elegante) barbarie.

Ora. Quel che mi piace nel saccheggio di questo villaggio periferico è che è abbastanza piccolo e quindi è più facile studiare come siano andate, effettivamente, le cose. Così si scopre, ad esempio, che una certa perdita dell'anima è, qui, il risultato di una serie di piccoli ma significativi movimenti di truppe, per così dire. È una sorta di evento che si compone di innumerevoli sottoeventi simultanei. Provo a descrivere quelli che riesco a scorgere io.

Il primo è forse quello più facile da vedere. Il calo della qualità ha coinciso con un aumento della quantità. Da quando c'è in circolazione un vino semplice e spettacolare, ci sono in giro molte più persone che bevono vino. In questo caso, come in molti altri, la perdita dell'anima sembra essere il prezzo da pagare per espandere un business altrimenti in difficoltà. Semplice: commercializzazione spinta uguale perdita dell'anima. È un punto importante: lì trova fondamento uno dei grandi luoghi comuni che da sempre covano sotto la superficie della paura dei barbari: il pensiero che loro siano l'avidità contrapposta alla cultura; la certezza che si muovano per un'ipertrofica, quasi immorale, sete di guadagno, di vendite, di profitti. (Vale forse la pena di ricordare che è stato questo uno dei punti su cui, storicamente, è fiorito l'odio razziale europeo per gli ebrei: si immaginavano una guerra sotterranea in cui una cultura alta e nobile era costretta a lottare con il cinismo avido di un popolo a cui interessava solo l'accumulo di denaro.) È un punto importante anche per un'altra ragione: nasce da lì una deduzione logica infondata, ma comprensibile e molto diffusa: se una cosa vende molto, vale poco. L'adesione irrazionale a un principio del genere è probabilmente uno dei peccati capitali di ogni grande civiltà nella propria fase di decadenza. Ci torneremo, perché è un argomento interessante, per quanto delicato. Ma per intanto mettiamo da parte questo indizio suggerito dalla storia del vino: *l'anima si perde quando si punta a una commercializzazione spinta.*

Altro movimento: l'innovazione tecnologica. Suonerà assurdo, ma niente di tutto quello che ho raccontato sarebbe probabilmente successo senza l'invenzione dell'aria condizionata. Spiego. Perché adesso fanno vino (hollywoodiano) in Cile, Australia, California e posti anche più assurdi, mentre una volta lo facevano solo francesi e italiani? Di solito si tende a pensare che la terra posseduta da francesi e italiani fosse l'unica adatta alla coltivazione dei vitigni giusti: il resto era sapere artigianale sommatosi nel tempo. Da qui l'idea di un'aristocrazia del vino, ben piantata sul privilegio delle sue preziosissime terre. Ma questo è, per lo più, un mito. In realtà, terra per coltivare chardonnay, cabernet sauvignon o merlot ce n'è a bizzeffe e in molte regioni del globo. E allora cosa li fermava? In parte la sudditanza al mito, sicuramente. La stessa ragione per cui sembra impossibile allevare bufale altrimenti che in Campania, e quindi niente mozzarella hollywoodiana. Ma in parte era invece una questione tecnica. Il punto delicato, nella fabbricazione del vino, è quello della fermentazione. L'uva può anche maturare bene a temperature molto alte, ma la fermentazione, se provi a farla in un caldo bestiale, o in una temperatura che sale e scende, si trasforma in un casino. E fare un vino come si deve diventa impossibile. Ma se hai l'aria condizionata? Allora sì, lo puoi fare. Fermentazione controllata, si chiama. La temperatura la decidi tu: che ti frega se sei in mezzo al deserto? Così quella che sembrava un'arte riservata a un'aristocrazia terriera di antico lignaggio europeo diventa una pratica a disposizione di molti: su terre molto meno care: con artisti che non vengono da generazioni di maestri: con inventori che non hanno tabù. Facile che ti nasca un vino hollywoodiano. Riassumendo il microevento: *c'è una rivoluzione tecnologica che d'improvviso rompe i privilegi della casta che deteneva il primato dell'arte.* Memorizzate e mettete da parte.

Altro evento. Il successo del vino hollywoodiano nasce anche da una *rivoluzione linguistica*. Fino a vent'anni fa a parlare di vino, a giudicarlo, erano per lo più inglesi, o comunque europei. Erano pochissimi, autorevolissimi, e scrivevano in un modo talmente raffinato e sapienziale che a capirli erano davvero in pochi. Una casta di critici sublimi. Poi venne Robert M. Parker. Parker è un americano che si è messo a scrivere di vini con un linguaggio semplice e diretto. Tra l'altro ha iniziato a dire apertamente una cosa che sotto sotto molti pensavano, e cioè che tanti vini francesi, idolatrati, in realtà erano imbevibili, o giù di lì. Troppo complessi, macchinosi, inaccessibili. Più colti che buoni, diciamo. Questione di gusti, si potrebbe dire: ma lui ufficializzava un tipo di gusto che non era solo suo, era comune a milioni di persone, nel mondo, soprattutto quelle che non avevano una grande cultura enologica: americani in testa. La cosa importante, comunque, è che le cose che aveva da dire le disse in un'altra lingua, che c'entrava poco coi sublimi critici europei. La sua piccola rivoluzione è sintetizzata in questo orrore: si mise a dare i voti ai vini. Adesso la cosa vi parrà normale, ma quando lui iniziò a farlo non lo era affatto: credereste a un critico letterario che dà i voti ai grandi classici della letteratura? Flaubert 8; Céline 9 e mezzo; Proust 6 (troppo lungo). Non ha il sapore di una barbarie? E tale dovette sembrare all'aristocrazia del vino europea. Ma il fatto è che in quel modo la gente finalmente iniziava a poter capire. Si orientava. Lui dava (dà) voti dal 50 al 100. C'è gente che ancora oggi entra in un'enoteca e chiede "un 95, grazie". Per dire. Era una nuova lingua: per certi versi avvilente, ma funzionava. Con quella lingua Parker ha contribuito significativamente a imporre a livello planetario l'amore per il vino hollywoodiano: non in malafede, gli piaceva davvero, e lo disse: in un modo che la gente poteva capire. In un certo senso, lo stesso vino hollywoodiano si è allineato a questa semplificazione linguistica, capendo che lì c'era una porta aperta da attraversare. Per cui, ad esempio, i vini hollywoodiani hanno un nome facilmente memorizzabile, e non richiedono, per come sono fatti, una particolare attenzione all'annata. Vi sembrerà poco, ma prima di Parker dovevate entrare in un'enoteca e chiedere un barolo, specificare il nome del produttore, aggiungere il nome di un podere particolare, e concludere in bellezza specificando l'anno: roba che dovevi prepararti a casa, prima di uscire. Dopo Parker, se proprio non siete così grezzi da chiedere un 95, tutto quello che avete da fare è dire un nome. *La Segreta*, grazie (è un esempio, non una pubblicità). Non c'è molto altro. Non siate così snob da non capire che è una piccola rivoluzione enorme: se si potessero chiedere in quel modo i libri, quanta più gente entrerebbe nelle librerie e comprerebbe libri? (infatti se si tratta giusto di dire "*Codice da Vinci*", lo fa). Dunque, nuovo indizio: *i barbari usano una lingua nuova. Tendenzialmente più semplice. Chiamiamola: moderna.*

Altro indizio. Il vino hollywoodiano è semplice e spettacolare. Alcuni critici lo liquidano con una parola orribile ma efficace: piacione. Quasi sempre si sottolinea come si tratti di un vino colpevolmente facile. Spesso si allude in modo pesante alla manipolazione che ci deve essere dietro: è un vino "spinto", dicono. Provo ad articolare in un modo più elegante: dispiace, in quel vino, il fatto che cerchi la via più breve e veloce per il piacere, anche a costo di perdere per strada pezzi importanti del gesto del bere. Usando termini romantici, e quindi pienamente nostri: è come se si sostituisse all'idea di bellezza quella di spettacolarità; è come se si privilegiasse la tecnica all'ispirazione, l'effetto alla verità. Il punto è importante proprio per il tipo di evidenza che assume in una cultura ancora fortemente romantica come la nostra: quel vino nega uno dei princìpi dell'estetica che ci è propria: l'idea che per raggiungere l'alta nobiltà del valore vero si debba passare per un tortuoso cammino se non di sofferenza quanto meno di pazienza e apprendimento. I barbari non hanno questa idea. Nel suo piccolo, dunque, il caso del vino hollywoodiano ci fa vedere un altro microevento, tutt'altro che insignificante: *la spettacolarità diventa un valore. Il valore.*

Ne ho ancora un paio, di eventi. Resistete. L'imperialismo. Si potrebbe parlare di globalizzazione, ma in questo caso mi sembra più preciso "imperialismo". Il vino hollywoodiano si è imposto nel mondo anche per la ragione ovvia che è di matrice americana. Puoi inventarti tutte le ragioni raffinate che vuoi, ma alla fine, se vuoi capire come mai oggi nello Yemen bevono vino hollywoodiano, e in Sudafrica producono vino hollywoodiano e perfino nelle Langhe lo fanno, la risposta più semplice è: perché la cultura americana è la cultura dell'Impero. E l'Impero è ovunque, anche nelle Langhe. Può sembrare uno slogan irrazionale, ma diventa molto pratico se pensi a tutte le catene di alberghi americane, e a ogni singolo loro ristorante, in ogni parte del mondo, e vedi la loro carta dei vini, e quando la apri ci trovi quasi soltanto vino hollywoodiano. È così, senza cattiveria, ma con mezzi formidabili, che si può anche arrivare a suggerire (imporre?) un certo gusto a tutto il mondo. Se le olive ascolane

le avessero inventate in Nebraska, facilmente adesso le mange-
rebbero anche nello Yemen. Dunque non sottovalutiamo anche
questo indizio: *nelle parole d'ordine dei barbari risuona il morbi-
do diktat dell'Impero.*

Ancora uno, poi basta. Pensate al produttore di vino francese, ricchissimo, con un nome celeberrimo, inchiodato sull'ordine perfetto delle sue preziosissime terre, seduto su una miniera
d'oro, forte di un'aristocrazia conferitagli da almeno quattro
generazioni di formidabili artisti. E adesso inquadrate il produttore di vino hollywoodiano, con il suo nome qualsiasi, seduto sulla sua terra cilena qualunque, figlio, se va bene, di un
importatore di vini e nipote di uno che faceva tutt'altro, dunque privo di quarti nobiliari. Metteteli uno di fronte all'altro:
non percepite il caro vecchio puzzo di rivoluzione? Se poi guardate dentro ai numeri del consumo, e provate a tradurli in persone vere, in reali umani che bevono, quello che vedete è: da
una parte un'aristocrazia del vino più o meno rimasta intatta,
che continua a scaraffare preziosi liquami raffinatissimi e li com-
menta con un gergo da iniziati, orientandosi nella giungla delle
annate con passo sicuro e fascinoso; e, accanto a lei, una gran
massa di *homines novi* che probabilmente non avevano mai
bevuto vino e adesso lo fanno. Non riescono a scaraffare senza
sentirsi ridicoli, commentano il vino con le stesse parole che
usano per parlare di un film o di macchine, e nel frigo hanno
molte meno birre di prima. Voglio dire: è anche una questione
di lotta di classe, come si diceva una volta, e dato che non siamo
più a una volta, direi: è una competizione tra un potere conso-
lidato e degli outsider ambiziosi. Pensate al parvenu americano
che cerca di comprare la collina nel Bordolese*, tempio del vino
pregiato, e vedrete chiarissima l'immagine di un assalto al palazzo. E allora ecco l'ultimo microevento che, sotto la superficie di
un'apparente perdita dell'anima, il mondo del vino ci suggerisce
di registrare: là sotto, quello che avviene è anche che *una certa*

massa di persone invada un territorio a cui, fino ad allora, non aveva accesso: e quando prendono posto non si accontentano delle ultime file: spesso, anzi, cambiano il film, e mettono su quello che piace a loro.

Ecco. È il momento di riassumere e di tirare le reti della piccola pesca. Studiando la circoscritta invasione barbarica che ha colpito il villaggio del vino, uno può arrivare a disegnare la mappa di una battaglia: eccola qui: *complice una precisa innovazione tecnologica, un gruppo umano sostanzialmente allineato al modello culturale imperiale, accede a un gesto che gli era precluso, lo riporta istintivamente a una spettacolarità più immediata e a un universo linguistico moderno, e ottiene così di dargli un successo commerciale stupefacente.* Quel che gli assaliti percepiscono, di tutto ciò, è soprattutto il tratto che sale in superficie e che, ai loro occhi, è il più evidente da registrare: un apparente smottamento del valore complessivo di quel gesto. Una perdita di anima. E dunque un accenno di barbarie.

L'ho detto: è solo un'ipotesi. E, ciò che è più importante: non è un'ipotesi che aiuta a capire i barbari, ma soltanto a capire la loro tecnica d'invasione: come si muovono, non chi sono e perché sono così (che è, questa sì, la domanda affascinante). A me sembra comunque un passaggio necessario per arrivare, prima o poi, a capire: una stazione intermedia. Capisci come combattono e magari capirai chi sono. Se vi piace, potete giocarci un po', con questa ipotesi. Provate a pensare a un esempio di mutazione, di invasione barbarica che vi sta a cuore e cercateci dentro la mappa della battaglia. Chissà se ci troverete tutti gli indizi che ho annotato. O magari altri. Non so. Ma ho ragione di pensare che comunque sarà un modo di formulare meglio il problema, e di andare un po' al di là della lamentela snob o della chiacchiera da bar. Io, da parte mia, ho intenzione di fare il giochetto con altri due villaggi saccheggiati che mi divertono: il calcio e i libri. Nelle prossime puntate.

L'animale

Dovrei passare al football, ma forse una puntata di precisazione sul senso di quello che stiamo facendo non guasta. Provo.

Dice: il mondo frana e quello si occupa di calcio, e di vino. Esatto. È come quando il massaggiatore ti tocca un dito del piede e ti chiede Fa male? A te fa male e quindi rispondi Sì, e pensi che ti sei rotto il dito. Problemi ai reni, dice lui.

Dal vino, ad esempio, si impara un'ipotesi importante: quando percepiamo un'evidente perdita di anima, lì stanno lavorando, sotto la superficie di un'apparente barbarie, eventi di natura diversa che è possibile riconoscere uno ad uno. Io ci ho provato, a riconoscerli: commercializzazione spinta, linguaggio moderno, adesione al modello americano, scelta della spettacolarità, innovazione tecnologica, scontro fra potere vecchio e nuovo. Facile che si possa fare di meglio, ma adesso aprite bene le orecchie. Il punto è questo: noi, in genere, *non abbiamo voglia di fare di meglio*. Di solito, quando sentiamo puzza di barbari, tendiamo a collegarla con uno, al massimo due, di quegli eventi: scegliamo quello che più ci infastidisce, o quello più evidente, e ne facciamo il nostro bersaglio. (Quel vino è troppo semplice, il calcio è schiavo dei soldi, i giovani ascoltano solo musica facile e spettacolare.) Be': c'è qualcosa, in questo atteggiamento, che ci terrà sempre lontani da una comprensione vera. In realtà è probabile che nessuno di quegli eventi sia sostanzialmente isolabile dagli altri, né giudicabile in sé, né tanto meno condannabile. Sarebbe come cercare di capire il movimento di un animale studiando solo le zampe anteriori, o la coda. È ovvio che, una volta isolato, qualsiasi segmento del corpo risulta fragile, immotivato, e perfino ridicolo. Ma è il movimento armonico di tutto l'animale, che bisognerebbe essere capaci di vedere. Se c'è una logica, nel movimento dei barbari, è solo leggibile a uno sguardo capace di assemblarne i diversi pezzi. Altrimenti è chiacchiera da bar.

Provo a spiegarmi. Se vi infastidisce la furbesca e facile spettacolarità di un vino hollywoodiano, e vi fermate lì, la barbarie che state registrando è riassunta in una penosa contrazione di gusto e raffinatezza culturale. Da lì non si esce. Ma se voi provate a collocare quell'illogico degrado culturale all'interno di una rete di eventi, alcuni dei quali probabilmente vi troverebbero entusiasti (che so, l'innovazione tecnologica, la liberalizzazione di una tecnica altrimenti riservata a una setta, la scelta di un linguaggio non esoterico e discriminante), se provate a interpretarla come sezione parziale di un movimento più complesso e ampio, allora essa cesserà di essere un grottesco passaggio a vuoto dell'intelligenza collettiva e inizierà ad assumere un profilo diverso: facilmente, inizierete a capire che in quel preciso punto, dove sembrano essersi perse forza e cultura, passano in realtà correnti fortissime di energia, generate da eventi prossimi, che sembrano avere bisogno, per esprimersi, di quella strettoia, di quella discesa, di quella ritirata strategica. Nell'apparente indigenza di quel particolare, trova appoggio una forza più ampia che, senza quella debolezza, non starebbe in piedi. Liberi poi di giudicare che, comunque, questa nuova forma di energia, di senso, di civiltà, non è all'altezza di quella precedente: questo è assolutamente possibile. Ma in questo modo avrete almeno evitato di liquidare la locomotiva a vapore in base alla considerazione che, confrontata a una carrozza a cavalli, essa risulta un oggetto raccapricciante, volgare, puzzolente e oltretutto pericoloso. Che è vero: ma rinunciare ai cavalli, alla civiltà dei cavalli, era forse la ritirata strategica necessaria, l'inevitabile perdita di anima, per ottenere lo sviluppo di un'energia che non sarebbe poi apparsa, obiettivamente, come una barbarie. Lo sguardo che si ferma su un tratto solo dell'invasione barbarica rischia la stupidità pura e semplice.

Pensate alla musica, alla grande musica. Da Bach a Beethoven si può dire che lavorarono indefessamente a una furba semplificazione del mondo musicale che avevano ricevuto in eredità. Contrassero i suoni, le armonie, le forme. E simultaneamente accelerarono sulla via di una spettacolarità che nessuno, prima, si era mai sognata. Se ascoltate un madrigale di Monteverdi e poi, di seguito, il finale della *Quinta* di Beethoven, vi appare subito chiaro dove sta il bottegaio, l'incivile, il barbaro. E questo spiega come fosse possibile che, ai tempi, gente avveduta scambiasse Beethoven per un compositore da pubblico bue (ricordate l'epigrafe?). Eppure, in quella innegabile perdita di ricchezza, in quella volontaria riduzione di possibilità, in quella ritirata strategica geniale, quegli uomini trovarono la strettoia attraverso cui arrivare a un mondo nuovo, che tutto sarebbe stato tranne una perdita di anima. (Anzi, si può dire che furono loro a inventarla, l'anima: o almeno quel modello prêt-à-porter che sarebbe entrato in tutte le case, e nelle vite anche più semplici.) O pensate a quando, dopo secoli di madonne, deposizioni e annunciazioni, gli artisti iniziarono a dipingere scene di vita quotidiana: uno che legge una lettera, un mercato, delle oche, cose così: che vertiginoso salto in basso. Dalla madonna ai fagiani. Eppure anche lì, quale immenso flusso di energia, di forza, di anima, se volete, si sprigionò da una mossa così barbara? E quando scegliemmo l'automobile al posto dei cavalli? A stretto rigore di logica, chi ce l'ha fatto fare di abbandonare un mezzo di locomozione che si ricaricava mentre tu dormivi, provocava scarichi che concimavano la terra, quando fischiavi correva da te e, meraviglia!, quando era vecchio provvedeva da sé a generare un modello nuovo, senza significative spese aggiuntive. (D'accordo, questo esempio è un po' stiracchiato, ma gli altri due no, quelli valgono.)

Erano mosse apparentemente suicide. Ma erano il movimento di una zampa, o la flessione della schiena, o l'angolo di uno sguardo: intorno c'era l'animale, e aveva un piano, ed era l'animale, l'unico, che sarebbe sopravvissuto. Magari mi sbaglio, ma secondo me bisogna guardare l'animale, tutto, e in movimento. Allora qualcosa si potrà capire. Bisogna concedere ai barbari la chance di essere un animale, con una sua compiutezza e un suo senso, e non pezzi del nostro corpo colpiti da una malattia. Bisogna fare lo sforzo di supporre, alle loro spalle, una logica non suicida, un movimento lucido, e un sogno vero. E questa è la ragione per cui non basta deprecare la pinna (effettivamente inutile in un quadrupede), ma è necessario capire che essa forma un'unità organica con le branchie, le squame, quel modo di respirare, quel modo di vivere. Il braccio che è diventato pinna, forse non è un cancro, ma l'inizio di un pesce.

Va be', fine della predica. Ma era una cosa che ci tenevo a dire.

Calcio 1

Chissà se si riesce a parlare di calcio italiano senza citare Moggi (già fatto, quindi la risposta è no). Anche quello è un villaggio sotto l'assedio dei barbari. Nel senso che è diffusa l'impressione che anche lì si sia smarrito lo spirito vero della faccenda, il suo tratto più nobile, se vogliamo: l'anima. È vero, o se la raccontano? Probabilmente tutt'e due. La nostalgia per il calcio di un tempo (non è mai chiaro, peraltro, quale sia 'sto tempo) è una nostalgia per cose diversissime: la partita solo alla domenica, le maglie con i numeri dall'1 all'11, senza sponsor e sempre uguali, uomini veri alla Nereo Rocco*, gentiluomini come Bagnoli ("questo non è più un calcio per lui" è diventato il suo secondo cognome: adesso è nel ramo alberghi), giocatori senza procuratori e senza veline, allenatori che permettevano alla classe individuale di venire fuori, stadi meno vuoti e calendari meno fitti, Coppa dei Campioni e non Champions League, la sparizione dei giocatori-bandiera (sopravvivono giusto Maldini e Del Piero), Brera* come scriveva, curve senza striscioni nazisti o falci e martelli, meno doping e più fame, meno schemi e più talento, meno soldi e più maroni. Sintetizzo, ma più o meno è così. Aggiungerei: più pulizia, morale e umana.

È possibile che abbiano ragione (sempre attenendosi all'Italia: altrove può essere diverso). Per me l'immagine sintetica più forte è Baggio in panchina. Nel senso: quando uno sport, per un sacco di ragioni, si rigira in un modo per cui diventa sensato non far scendere in campo il suo punto più alto (il talento, l'artista, l'eccezionalità, l'irrazionale), allora qualcosa è successo. Che sport sarebbe un tennis in cui McEnroe non entra nei primi 100? Nella tristezza dei numeri 10 seduti in panca, il calcio racconta una mutazione apparentemente suicida.

In genere si fa risalire una simile catastrofe a un fenomeno ben preciso: l'avvento della televisione digitale e quindi l'allargamento radicale dei mercati e quindi l'entrata in circolo di grandi quantità di denaro. In sé la cosa non è sbagliata: ma, come ho spiegato, bisognerebbe riuscire a vedere l'intero animale in movimento. Baggio in panchina è la coda che sbatte. Il calcio di Sky sono le zampe anteriori che mulinano nell'aria. Ma l'intero animale? Riuscite a vederlo? Proviamo usando quello che abbiamo imparato dal vino. *Complice una precisa innovazione tecnologica, un gruppo umano sostanzialmente allineato al modello culturale imperiale, accede a un gesto che gli era precluso, lo riporta istintivamente a una spettacolarità più immediata e a un universo linguistico moderno, e ottiene così di dargli un successo commerciale stupefacente.* Proviamo: con l'invenzione della televisione digitale, uno sport che era stato di pochi ricconi e della televisione di Stato, finisce nelle mani di privati che, seguendo il modello dello sport americano, ne accentuano il tratto spettacolare, lo allineano alle regole del linguaggio moderno per eccellenza, quello televisivo, e in questo modo ottengono di spalancare il mercato, e di moltiplicare i consumi. Risultato apparente: il calcio perde l'anima. Che ne dite? Mi pare che più o meno regga. È una buona notizia. Incominciamo ad avere strumenti di lettura vagamente affidabili. Incominciamo a poter mettere a fuoco, abbastanza in fretta, l'animale intero in movimento. Posso aiutarvi in quest'impresa posando per un attimo, accanto all'animale, una vecchia foto in bianco e nero?

Fedele al dettato leopardiano, la domenica sera, nelle nostre case di bambini torinesi/cattolici/borghesi, era un momento di composta tragedia. La vestizione del pigiama, anticipata alle ore del crepuscolo come a voler tagliare di netto qualsiasi discussione sul possibile prolungamento del giorno di festa, immetteva in una specie di liturgia della mestizia nella quale ci si mondava dagli eventuali divertimenti domenicali, ritrovando quella disperazione di fondo senza la quale, era convinzione sabauda, nessuna reale etica del lavoro poteva fiorire, e dunque nessun lunedì mattina era affrontabile. In questa lieta cornice, molti di noi, alle sette di sera, accendevano il televisore, perché c'era la partita. Si noti il singolare. Era effettivamente una partita sola, anzi mezza: ne trasmettevano un tempo, in registrata, prima del telegiornale. Nessuno mai era riuscito a capire con che criterio la scegliessero. Circolava però la voce che la Juve avesse un trattamento di favore. E il Toro, per dire, non c'era quasi mai. Alle volte sceglievano partite finite 0 a 0, e questo ci suggeriva l'idea di un Potere dalle logiche imperscrutabili, e dalla sapienza fuori dalla nostra portata.

Naturalmente la partita era in bianco e nero (alcuni, in un commovente balzo in avanti tecnologico, avevano uno schermo che in basso era verde e in alto, non mi è chiaro perché, viola). Le riprese erano notarili, documentaristiche, sovietiche. Il commento era impersonale e di tipo medico: ma non gli era esente un tratto di follìa che ci avrebbe segnato per sempre. Dato che la partita non era in diretta, il commentatore sapeva benissimo cosa stava succedendo, ma faceva finta di non saperlo. Forse storditi dal crescente odore di minestrina che veniva dalla cucina, noi lo lasciavamo fare, a poco a poco rimuovendo l'assurdità umiliante della situazione. Succedeva allora che d'improvviso, senza nessun avvertimento, arrivato alla fine del tempo e pressato dal telegiornale incombente, il commentatore, senza nemmeno cambiare tono di voce, mandasse in pezzi l'intero nostro sistema mentale, facendo scivolare frasi del tipo: "La partita si è poi conclusa sul 2 a 1, grazie a un goal di Anastasi* marcato al 23esimo del secondo tempo". D'improvviso sapeva tutto! E usava il tempo passato per dire il futuro! Era assurdo, e mortificante: ma noi, ogni domenica, tornavamo lì davanti, a farci violentare. Perché eravamo cervelli semplici. E quello era tutto il calcio che vedevamo in una settimana. Alle volte, alcuni fortunati beccavano qualche partita sulla televisione svizzera. Si favoleggiava di Capodistria*, ma non c'era niente di sicuro. E allo stadio si andava, certo, ma quante volte? Era un mondo frugale, quanto a emozioni ed esperienze. L'animale calcio ci sembrava splendido, e forse lo era davvero. Certo però che lo si vedeva poco: e quasi sempre fermo, lontano, su una collina, bello di una bellezza quasi sacerdotale. Era il calcio con cui siamo cresciuti. Crescevamo lenti, allora.

Se vado a ripescare la mia domenica sera adolescenziale e torinese è perché mi aiuta a mettere a fuoco un'altra mossa dell'animale, una mossa che la storia del vino non mi aveva fatto riconoscere, e che invece il calcio insegna con chiarezza: tendenzialmente, i barbari vanno a colpire la sacralità dei gesti che aggrediscono, sostituendola con un consumo in apparenza più laico. Direi così: smontano il totem e lo disseminano nel campo dell'esperienza, disperdendone la sacralità. Esempio tipico: la partita della domenica, che adesso è anche il lunedì, il venerdì, il giovedì, in diretta, registrata, solo le azioni importanti, dovunque. Il rito è moltiplicato, e il sacro è diluito. (Non è lo stesso per il vino che si può bere quando vuoi senza tanto scaraffare, abbinare, degustare, e tutte quelle cerimonie lì?) Ci potremmo addirittura chiedere se quando parliamo di perdita dell'anima, non stiamo in realtà rimpiangendo soprattutto quella perduta sacralità dei gesti: ci manca il totem. Eppure siamo una civiltà abbastanza laica, e sappiamo benissimo che qualsiasi passo in avanti nella laicità rimette in movimento il mondo e libera energie formidabili. Ma ci manca il totem. Ai barbari no. Loro il sacro lo smantellano. Sarà un bel momento quando capiremo con cosa lo sostituiscono (accadrà, siate pazienti).

Per adesso, vorrei che metteste da parte questa nuova acquisizione (lo smantellamento del sacro) e mi seguiste, per una puntata ancora, nel mondo del calcio. C'è una cosa ancora da capire, lì dentro. Ha a che vedere ancora con la spettacolarità.

Ancora una cosa sul calcio. So che sarà una puntata un po' tecnica, per cui mi scuso con quelli che non masticano football: se vogliono, possono saltare. Per gli altri, ecco la cosa che trovo interessante: l'idea di spettacolarità che il calcio ha scelto negli ultimi anni, più o meno da quando si è percepita una certa mutazione barbarica. Naturalmente buona parte di quell'idea di spettacolarità c'entra con le tecniche di racconto, con la televisione, le riprese, il tipo di commento, la scrittura sportiva sui giornali, ecc., ecc.: ma è una cosa che c'entra anche con la natura stessa del gioco, con la sua tecnica, con il suo tipo di organizzazione.

Per quello che importa a noi, la domanda è: se ai barbari è necessaria una spettacolarizzazione del gesto, come mai sono arrivati all'assurdo di eliminare proprio il punto più spettacolare di quel gioco, cioè il talento individuale, o addirittura il marchio dell'artista, e cioè del numero 10? Perché vanno a colpire proprio il punto in cui quel gesto sembra assumere la sua dimensione più alta, più nobile, più artistica? Non è una domanda solo calcistica, perché, come ormai incomincerete a capire, è un fenomeno che possiamo trovare in quasi tutti i villaggi saccheggiati dai barbari. Vanno dritti dove è il cuore più alto della faccenda, e distruggono. Perché? E soprattutto: cosa ci guadagnano da un simile sacrificio? O è violenza stupida, pura e semplice? Nel caso del calcio può essere utile, di nuovo, fermarsi a vedere una vecchia foto in bianco e nero. Giusto un'occhiata, ma vedrete che serve.

Quando io ho iniziato a giocare a pallone erano gli anni Sessanta e Moggi e Sky non c'erano ancora. Ero l'unico che non avesse le scarpette da pallone (non eravamo poveri, ma eravamo cattolici di sinistra), per cui giocavo con gli scarponcini da montagna legati alla caviglia: per questo, e secondo una logica stringente, i grandi decisero che dovevo giocare in difesa. Ai tempi ero dell'idea che la vita fosse un compito da assolvere, non una festa da inventare, e quindi mi attenni per anni a quell'indicazione di massima, crescendo con la testa di un difensore e scalando le categorie calcistiche con sulla schiena il numero 3. Era, allora, un numero completamente privo di poesia, ma alludeva a una disciplina rocciosa e imperturbabile. Corrispondeva più o meno all'idea, imperfetta, che mi ero fatto di me.

In quel calcio il difensore difendeva. Era un tipo di gioco in cui se avevi sulla schiena il numero 3 potevi giocare decine di partite senza mai passare la linea di centrocampo. Non era richiesto. Se la palla era di là, tu aspettavi di qua, e rifiatavi. La cosa ti dava una strana percezione della partita. Io, per anni, ho visto le mie squadre fare goal lontani e vagamente misteriosi: erano cose che accadevano laggiù, in una parte del campo che non conoscevo e che, ai miei occhi di terzino, replicava l'aura leggendaria di una località balneare, oltre le montagne: donne e gamberoni. Quando si faceva goal, laggiù si abbracciavano, questo me lo ricordo bene. Per anni li ho visti abbracciarsi, da lontano. Ogni tanto mi è anche successo di farmi tutto il campo per raggiungerli, e abbracciarmi anch'io, ma non funzionava tanto: arrivavi sempre un po' dopo, quando la parte proprio svergognata era già finita: ed era come ubriacarsi quando gli altri stanno già tornando a casa. Così, la maggior parte delle volte, rimanevo al mio posto: ci si scambiava un'occhiata sobria, tra difensori. Il portiere, quello era sempre un po' matto: se la cavava da solo.

Ai tempi si marcava a uomo. Questo significa che per tutta la partita giocavi appiccicato a un giocatore avversario. L'unica cosa che ti era richiesta era: annullarlo. Questo imperativo portava a intimità quasi imbarazzanti. Era un calcio semplice, per cui io, che avevo il numero 3, marcavo il loro numero 7: e i numeri 7 erano, in fondo, tutti uguali. Magretti, gambe storte, veloci, un po' anarchici, casinisti pazzeschi. Parlavano molto, litigavano con tutti, si assentavano per decine di minuti, come presi da improvvise depressioni, e poi ti fregavano come serpenti, guizzando con una vitalità improvvisa che aveva l'aria del sussulto del morente. Dopo un quarto d'ora sapevi già tutto di loro: come fintavano, quanto odiavano il centravanti, se avevano problemi al ginocchio, che mestiere facevano e che deodorante usavano (certi micidiali Rexona). Il resto era una partita a scacchi in cui lui teneva i bianchi. Lui inventava, tu distruggevi. Per quanto mi riguarda, il massimo del risultato era vederlo uscire espulso per proteste, ormai in piena crisi di nervi, coi suoi compagni che lo mandavano in mona. Mi piaceva molto quando, uscendo, annunciava, gridando, che lui in quella squadra non avrebbe giocato mai più: lì avevo il senso di un lavoro ben fatto.

Non c'erano ripartenze, non c'erano raddoppi, non si faceva il fuorigioco, non si andava sul fondo a crossare, non si faceva la diagonale*. Quando prendevi palla cercavi il primo centrocampista disponibile e gliela davi: come il cuoco che passa il piatto al cameriere. Che facesse lui. Buttarla in fallo laterale andava benissimo (ti applaudivano!), e quando proprio eri in difficoltà la passavi indietro al portiere. Era tutto lì. Mi piaceva.

Poi le cose cambiarono. Iniziarono ad arrivare dei numeri 7 che non parlavano, non entravano in depressione, ma in compenso se ne stavano indietro, ad aspettare. Non mi era chiaro cosa. Forse me, mi dissi. E fu lì che passai la metà campo. Le prime volte era una cosa strana: dalla panchina tutti iniziavano a urlarti "Torna! Copri!", però intanto tu eri già lì a respirare quell'aria frizzante, e quindi tornavi, ma come la domenica sera dal mare, di malavoglia, e ogni volta ci rimanevi un po' di più. Arrivai a vedere in faccia il portiere avversario (mai successo prima) e mi capitò perfino di ricevere palla dal nostro numero 10, un fuoriclasse fighetto che avevo sempre visto giocare da lontano: guardò proprio me e me la passò, con l'aria di un García Márquez che mi porgeva il suo taccuino degli appunti dicendomi Tiemmelo un attimo che vado a pisciare. Erano esperienze.

Quando arrivò la zona trovai il modo di farmi abbastanza male da avere una buona ragione per smettere. Non che non mi andasse quella faccenda di capire, ogni volta, chi dovevo marcare, ma ero cresciuto con una testa diversa, antica, e tutto quel mare di possibilità e di lavori diversi da fare mi sembrava una bella cosa immaginata per altri. Mi seccava giocare in linea, trovavo orrendo fare un passo avanti per mettere in fuorigioco l'attaccante, ed era fastidioso fare la diagonale per andare a spianare uno che non avevi nemmeno mai incrociato prima. Mi mancava anche quella bella sensazione di vedere sempre, con la coda dell'occhio, dietro di me, la sagoma lenta e paterna del libero*. E credo che mi mancasse molto tutto quel tempo passato addosso al numero 7, mentre la palla era lontana: si parlava, si facevano falletti intimidatori, si scattava a vuoto, come cavalli scemi. Ogni tanto lui passava a sinistra, a cercare aria: si vedeva che non era casa sua, ma lo faceva nella speranza di togliersi di dosso il suo mastino personale. Mi piacevano i suoi occhi, quando ti rivedeva lì, serafico e ineluttabile. Allora se ne tornava a destra, come quelli che han messo su una gastronomia, in centro, ma poi tanto la miseria non li mollava, e allora ritornavano al paese.

Era quel calcio lì. Non ha più smesso di mancarmi.

Perché vi infliggo le mie foto in bianco e nero? Perché se volete sapere cosa ci guadagnano i barbari a eliminare Baggio, dovete capire con che cosa lo sostituiscono. Nel calcio, per chi ne capisce qualcosa, questo è inscritto molto chiaramente. Se rinunci a Baggio è perché ti sei immaginato un sistema di gioco meno bloccato, in cui la grandezza del singolo è per così dire ridistribuita su tutti, e in cui l'intensità dello spettacolo è diffusa. Nei limiti di un gioco di squadra, il vecchio calcio viveva di molti duelli personali, e di una sostanziale divisione dei compiti. Il calcio moderno sembra essersi intestardito a spezzare questa parcellizzazione di senso, creando un solo evento a cui tutti, costantemente, partecipano. Nel difensore che attacca, come nell'attaccante che copre, sale in superficie un'utopia di mondo in cui tutti fanno tutto e in qualsiasi parte del campo. Forse nulla può restituire un simile modo di pensare come la bella espressione coniata dagli olandesi negli anni Settanta: il calcio totale. Se volete avvicinarvi al cuore della logica barbara, tenete stretta questa idea: calcio totale. Chi si ricorda il brivido di piacere che, ai tempi, Cruyff* e compagni trasmettevano allo spettatore (come la liberazione da un calcio ottuso e bloccato), può forse incominciare a intuire qual è la libidine che motiva la furia distruttrice dei barbari. Da qualche parte, tengono in serbo il brivido di una vita totale.

Naturalmente, non ottenevi il calcio totale con gente come Burgnich*, e nemmeno, spiace dirlo, con gente come Rivera o Riva. Se volevi quell'utopia, una mutazione era necessaria. Se tutti devono fare tutto, è difficile che tutti riescano a fare tutto benissimo: ed ecco la famosa tendenza alla medietà, tipica delle mutazioni barbare. La medietà è deprimente, per definizione, ma non lo è per i barbari, per una ragione ben precisa, e calcisticamente verificabile: la medietà è una struttura senza spigoli in cui può passare un maggior numero di gesti. Zambrotta non difenderà bene come Burgnich, ma quante cose fa, in più?

Quante possibilità in più genera all'interno di un gioco che in quanto a regole non è nemmeno cambiato un granché? Lo vedete il fattore di moltiplicazione? La regressione di una capacità genera una moltiplicazione di possibilità. Ancora uno sforzo: perché queste possibilità diventino reali, è necessaria ancora una cosa: la velocità. Per fare accadere tutto in qualsiasi parte del campo, devi correre veloce, giocare veloce, pensare veloce. La medietà è veloce. Il genio è lento. Nella medietà il sistema trova una circolazione rapida delle idee e dei gesti: nel genio, nella profondità dell'individuo più nobile, quel ritmo è spezzato. Un cervello semplice trasmette messaggi più velocemente, un cervello complesso li rallenta. Zambrotta fa girare la palla, Baggio la fa sparire. Magari ti incanta, certo, ma è il sistema che deve vivere, non lui.

Quando i barbari pensano alla spettacolarità, pensano a un gioco veloce in cui tutti giocano simultaneamente tritando un altissimo numero di possibilità. Se per ottenere questo devono mettere in panchina Baggio lo fanno, e in questo è inscritto un verdetto che troveremo in tutti i villaggi saccheggiati: *un sistema è vivo quando il senso è presente ovunque e in maniera dinamica: se il senso è localizzato, e immobile, il sistema muore.*

Smarriti? Non preoccupatevi. Il calcio serve solo ad annusare le cose, ad averne una prima confusa intuizione. Verrà il momento di capirle meglio. Una o due puntate sulla civiltà letteraria e poi ci siamo. (D'altronde questo è un libro, cioè è Burgnich, gioca ancora lento, marca a uomo, e non fa il fuorigioco.)

Mi fa un certo effetto, perché con quest'idea di andare a vedere i villaggi saccheggiati dai barbari per capire come i barbari combattono e vincono, sono arrivato fin qui, e qui è il villaggio dei libri. E quel villaggio è il mio. Vediamo se mi riesce di parlarne dimenticandomi che ci son cresciuto.

L'idea che il mondo dei libri sia attualmente sotto assedio da parte dei barbari è oggi tanto diffusa da essere diventata quasi un luogo comune. Nella sua vulgata, direi che poggia su due pilastri: 1) la gente non legge più; 2) chi fa i libri pensa ormai solo al profitto, e l'ottiene. Detta così, è paradossale: è chiaro che se fosse vera la prima, non esisterebbe la seconda. Quindi c'è qualcosa da capire. Nell'economia di questo libro la cosa è utile perché costringe a guardare dentro alla generica parola "commercializzazione": se, come abbiamo visto, un'espansione delle vendite e un chiaro primato della logica mercantile sono tipiche delle invasioni barbariche, questa è una buona occasione per capire meglio in cosa consista, davvero, questa sospetta vocazione al profitto. E quali possano essere le sue conseguenze.

Partiamo da un dato certo: in effetti, da decenni l'industria editoriale dell'occidente aumenta in modo costante e significativo il proprio volume d'affari. Non amo i numeri, ma, per capirsi, negli Stati Uniti il numero dei libri prodotti è aumentato, solo negli ultimi dieci anni, del 60 per cento. In Italia, il fatturato dell'industria editoriale, negli ultimi vent'anni, è quadruplicato (bisogna tener conto che il passaggio all'euro ha fatto lievitare molto gli incassi, ma il dato resta abbastanza impressionante). Fine dei numeri, e riassumo: quelli vendono che è una meraviglia.

Risultati del genere non si ottengono per caso. Sono l'effetto di una mutazione genetica. Quelli che l'avversano, l'hanno descritta così: dove c'erano aziende quasi famigliari in cui la passione si coniugava con profitti modesti, adesso ci sono enormi gruppi editoriali che mirano a profitti da industria alimentare (diciamo sul 15 per cento?); dove c'era la libreria in cui il commesso sapeva e leggeva, adesso ci sono megastore a più piani dove trovi anche CD, film e computer; dove c'era l'editor che lavorava inseguendo bellezza e talento, adesso c'è un uomo-marketing che con un occhio guarda all'autore, e con due guarda al mercato; dove c'era una distribuzione che funzionava da nastro trasportatore quasi neutrale, adesso c'è una strettoia dove passano solo i prodotti più adatti al mercato; dove c'erano pagine di recensioni, adesso ci sono classifiche e interviste; dove c'era la sobria comunicazione di un lavoro fatto, adesso c'è una pubblicità strabordante e aggressiva. Sommate tutto, e vi fate l'idea di un sistema che, in ogni suo passaggio, ha scelto di privilegiare l'aspetto commerciale rispetto a qualunque altro.

Per quanto ne so io, un quadro del genere descrive abbastanza fedelmente lo stato delle cose. Ci sono molte eccezioni e bisognerebbe fare molti distinguo, ma in effetti la tendenza sembra quella. Il punto che mi interessa, però, è: che tipo di mondo è stato generato da una mutazione del genere? L'equivalenza tra commercializzazione spinta e distruzione è reale? L'idea che si tratti di un genocidio in cui stiamo azzerando una civiltà preziosissima è un'idea intelligente, o *falsamente* intelligente? Non è che mi importi in particolare il destino dei libri, è che lì si gioca una partita interessante: è vero che l'enfasi mercantile uccide il tratto più nobile e alto dei gesti a cui si applica? Stanno ammazzando Flaubert così come hanno messo in panchina Baggio e tolto dalle nostre tavole il barbaresco? E se sì, perché diavolo lo stanno facendo? Avidità pura e semplice?

Vorrei che provaste a pensarla così: l'enfasi commerciale, prima di essere una causa, è un effetto: è il quasi automatico defluire di un gesto in un campo improvvisamente spalancato. Prima c'è uno sfondamento del terreno di gioco, poi c'è la conquista di quel nuovo spazio: e il business è il motore di quella conquista. Provo a spiegarmi con i libri. Come mi ha ricordato un amico a cui devo spesso una parte dei miei pensieri, fino alla metà del Settecento quelli che leggevano libri erano, sostanzialmente, quelli che li scrivevano: o magari che non li scrivevano ma avrebbero potuto farlo, o che erano fratelli di uno che li scriveva, insomma erano nei paraggi. Era una piccola comunità circoscritta, i cui confini erano determinati dal possesso dell'istruzione e dalla libertà dall'urgenza di un lavoro redditizio. Con il trionfo della borghesia si crearono le condizioni oggettive perché molta più gente avesse le capacità, i soldi e il tempo per leggere: erano lì, ed erano a disposizione. Il gesto con cui li si raggiunse, inventando l'idea (che doveva parere assurda) di un pubblico di lettori che non scrivevano libri, oggi lo chiamiamo: romanzo. Fu un gesto geniale, e lo fu, simultaneamente, da un punto di vista creativo e da un punto di vista di marketing. Il romanzo è il prodotto che ha reso reale un pubblico che era solo potenziale, e che esisteva solo sotto la pelle del mondo. Il fatto che il romanzo abbia prodotto denaro (e tanto) ci appare oggi quasi un corollario trascurabile: ci sembra più significativo il gesto di civiltà che vi riconosciamo: il fatto che, nel romanzo, una certa collettività sia pervenuta a una superiore e formalizzata consapevolezza di sé e a una raffinata idea di bellezza. La distanza storica però non ci deve far perdere la comprensione delle cose reali: il romanzo ottocentesco era pensato per coprire l'intero mercato disponibile, mirava a tutti i lettori possibili, e da Melville a Dumas in effetti li raggiungeva tutti. Se oggi ci sembra un prodotto elitario, è perché, per quanto spalancato, il campo da gioco di quell'editoria rimaneva circoscritto, chiuso dai muri dell'analfabetismo e delle differenze sociali. Ma vorrei essere chiaro: tutto il campo disponibile, il romanzo se lo prese, in una delle operazioni commerciali più grandiose della nostra storia recente. Erano pochi, ma il romanzo se li prese tutti.

(Ora, se pensate al sistema settecentesco dei libri, a ogni sua rotella, non fate fatica a immaginare come l'irrompere del romanzo abbia, ai tempi, squassato tutto, imponendo una nuova logica. Facile che quella vecchia famiglia allargata di colti scrittori-lettori abbia guardato con disgusto a un commercio e a una produzione che metteva libri in mano a signore impreparate e garzoni che appena sapevano leggere. E infatti il romanzo borghese, ai suoi albori, fu percepito come una minaccia, e come un oggetto sostanzialmente nocivo – i medici, non di rado, lo vietavano: di certo dovette apparire come uno smottamento del tratto nobile del gesto di scrivere e leggere. Facile che lo si attribuisse a un'avida volontà di successo e di guadagno. È un panorama che vi ricorda qualcosa?)

Se risaliamo dal mondo dei libri ad altri limitrofi, vorrei che provaste a pensare almeno per un momento che storicamente non è mai esistita una frattura fra un prodotto di qualità, da una parte, e un prodotto commerciale, dall'altra: tutto ciò che adesso noi ripensiamo come arte alta, al riparo dalla corruzione mercantile, è nato per soddisfare l'intera platea del suo pubblico, coerentemente a una logica commerciale poco frenata da considerazioni artistiche. L'illusione ottica che genera in noi la sensazione di un oggetto sofisticato ed elitario nasce dal fatto che quelle platee sono state, almeno fino agli anni Cinquanta del Novecento, molto ristrette, effettivamente elitarie: ma ciò che le chiudeva al resto del mondo non era tanto una loro scelta selettiva di qualità, quanto la realtà sociale che ne limitava il raggio d'azione alle fasce più forti della popolazione. Mozart componeva per tutto il pubblico d'allora, a costo di andarsi a inseguire i meno ricchi nei teatri di Schikaneder*. E Verdi era conosciuto da tutti coloro che potevano entrare in un teatro, o tenere uno strumento in casa: scriveva musica anche per il più ignorante, rozzo e insensibile di loro. Va da sé che all'interno di ogni parabola artistica sono sempre esistiti prodotti più difficili e prodotti più facili: ma è un'oscillazione che dice poco quando il facile è Rossini o Mark Twain. Erano sistemi che anche quando si chinavano sul meno attrezzato dei loro spettatori, conservavano integra la nobiltà del gesto. E quando scivolavano nella faciloneria pura e semplice (tutta l'arte che poi abbiamo dimenticato) macinavano orrori che, com'è dimostrato, non scalfivano minimamente la possibilità di coltivare rigogliose piantagioni di prodotti degnissimi. Ammesso che per avidità commerciale si desse talvolta alla gente il peggio, era un sistema che non ha impedito la nascita di nessun Verdi.

Se provate a pensarla così ancora per qualche minuto, possiamo ritornare ai libri e cercare di capire. Prendete l'Italia degli anni Cinquanta. Erano gli anni in cui al Premio Strega andava gente come Pavese, Calvino, Gadda, Tomasi di Lampedusa, Moravia, Pasolini (ci sarebbe andato anche Fenoglio, ma dovette lasciare il posto a Calvino! Oggi non si hanno più quei problemi lì). Gli editori si chiamavano Garzanti, Einaudi, Bompiani, ed erano cognomi di persone vere! Se dobbiamo pensare a una civiltà che oggi è stata spianata dai barbari, eccola lì. Nella qualità dei libri, nella statura degli addetti ai lavori e perfino nelle modalità del lavoro e della commercializzazione (la piccola libreria, i recensori insigni, i risvolti fatti da Calvino) quegli anni sembrano rappresentare per noi il paradiso perduto. Ma che Italia era, quella? Com'era, esattamente, il campo in cui giocavano?

Non è facile rispondere, ma ci provo. Era un'Italia in cui i due terzi della popolazione parlava solo in dialetto. Il 13 per cento era analfabeta. Tra quelli che sapevano leggere e scrivere, quasi il 20 per cento non aveva titolo di studio. Era un'Italia appena uscita da una guerra persa, ed era un paese in cui di tempo libero ce n'era poco, e la stessa piccola borghesia emergente non aveva ancora il surplus di reddito con cui finanziare il proprio diletto e una propria formazione culturale. Era un paese in cui *La trilogia degli antenati* * di Calvino, in sette anni, vendeva 30.000 copie. Dico questo per tracciare i bordi del campo: indipendentemente da quello che avrebbero voluto fare, ai tempi quelli che vendevano libri lo potevano fare in un mercato oggettivamente piccolo. Oggi sappiamo che quell'ecosistema piuttosto angusto generò professionalità sublimi, autori geniali e riti nobilissimi. Ma c'è qualcosa che ci autorizza a pensare che tutto ciò sia nato in virtù di una ritrosia a commercializzare quel mondo, privilegiando la qualità delle persone e dei gesti? Credo di no. Ancora una volta, mi sembra piuttosto che loro mirassero a tutto il campo possibile, con normale istinto commerciale, e ciò che noi oggi riconosciamo come qualità fosse esattamente l'espressione dei bisogni della ristretta comunità a cui si rivolgevano: perfino uno specchio delle loro abitudini, dei loro riti quotidiani (il libraio, la terza pagina dei giornali, la libreria in salotto...). Tutto il mercato che c'era, loro lo abitavano, e davano a quel mercato proprio quel che chiedeva, sia nei prodotti, sia nei modi con cui li porgevano.

Se tendete ad attribuir loro, comunque, una certa nobile ritrosia a forzare il mercato, sfondando i confini noti con prodotti più facili, allora devo dirvi una cosa: in realtà spiavano ogni minimo allargamento dell'orizzonte, sapevano che sarebbe arrivato, e lo stavano aspettando. Dovettero intuire qualcosa alla fine degli anni Cinquanta, quando un libro come *Il Gattopardo* (inviso a buona parte dell'intellighenzia del tempo) arrivò a vendere 400.000 copie in tre anni. Era un segnale. Diceva che c'era un pubblico appena entrato in sala, che ancora era costretto a scegliere, e comprava poco, ma ben presto avrebbe avuto tempo e soldi per leggere. Non si limitarono ad aspettarlo. Gli andarono incontro. E ampliarono la sala. La nascita degli Oscar Mondadori, e quindi del mercato del libro economico, del tascabile, è del 1965. Fu successo immediato: *Addio alle armi** vendette 210.000 copie *in una settimana*. Alla fine del primo anno gli Oscar avevano venduto più di 8 milioni di copie. Bum. L'Italietta era finita, e il mondo dei libri era improvvisamente diventato un campo apertissimo. Pensate che si siano fermati ai bordi, riflettendo sull'opportunità o meno di andarlo a conquistare? Ci si buttarono e basta. E l'editoria si abituò ad abitare un campo così aperto. Da allora, non si è più fermata: si è lasciata invadere da ogni successiva ondata di nuovo pubblico. Fino a quella, micidiale, degli ultimi vent'anni.

Quel che voglio dire è che, nonostante le apparenze, contrapporre un'editoria di qualità del passato a un'editoria commerciale del presente è un modo inesatto di porre i termini della questione. In realtà sembrerebbe più plausibile ammettere che l'editoria si è sempre spinta fino ai limiti possibili della commercializzazione, con l'istinto che qualsiasi gesto ha di abitare tutto il terreno disponibile. Quello che possiamo registrare è che, in una certa contingenza storica, e in un certo panorama sociale, un'editoria costretta alla piccola dimensione da precisi blocchi sociali ha espresso una qualità (di prodotti, di modi) che era l'espressione esatta dei bisogni della microcomunità a cui si rivolgeva. Ma non sceglievano la qualità invece che il mercato: trovavano la qualità nel mercato.

Tutto ciò inclinerebbe a pensare che, di per sé, la commercializzazione spinta, come effetto dell'istinto a possedere tutto il mercato possibile, non è una causa sufficiente a motivare il massacro della qualità. Non lo è mai stata. Quindi, se continuiamo a percepire un'aria di apocalisse e invasione barbarica, dobbiamo chiederci piuttosto da cosa sia, veramente, generata, vietandoci la facile risposta che è tutta colpa di una cosca di affaristi. In fondo, forse la domanda corretta da porsi sarebbe questa: che tipo di qualità è generato dal mercato che oggi vediamo all'opera? Che idea di qualità hanno imposto i barbari dell'ultima ondata, che sono venuti a invadere i villaggi del libro negli ultimi dieci anni? Cosa diavolo vogliono leggere? Cos'è, per loro, un libro? E che nesso ha, quello che hanno nella testa, con ciò che noi ancora riconosciamo come editoria di qualità? Nella prossima puntata vedremo se è possibile avvicinarsi a una risposta.

Libri 2

Che idea di qualità hanno imposto i barbari dell'ultima ondata, quelli che sono venuti a invadere i villaggi del libro negli ultimi dieci anni, facendone esplodere il fatturato? Cosa diavolo vogliono leggere? Cos'è, per loro, un libro? E che nesso ha, quello che hanno nella testa, con ciò che noi ancora riconosciamo come editoria di qualità? Le domande cui eravamo arrivati erano queste. C'è una risposta?

Io ci provo. La prima cosa che credo di poter dire è che i barbari non hanno spazzato via la civiltà del libro che hanno trovato: se qualcuno teme un genocidio più o meno consapevole di quella tradizione, inquadra probabilmente un rischio possibile, ma non una realtà già in atto. Mi sono limitato a chiedere in giro cosa ne è di quella letteratura, ad esempio, che noi vecchi continuiamo a ritenere "di qualità". Il responso di tecnici anche molto scettici sulla piega che il mercato dei libri sta prendendo è che quella letteratura ha goduto dell'ampliamento del mercato: vende *un po' di più,* alle volte *molto di più,* praticamente mai *molto di meno.* Né i megastore, né il cinismo delle case editrici e della distribuzione sono riusciti a scalzarla. Non mi dilungo, perché questo non è un libro sui libri, ma le cose stanno così. Oggi uno scrittore di qualità come Tabucchi vende più di quanto potesse fare, oggettivamente, un Fenoglio ai suoi tempi. Quello che ci induce a pensare il contrario è la prospettiva, il gioco delle proporzioni: mentre il Tabucchi della situazione ha aumentato discretamente le sue vendite, tutti gli altri libri, quelli che a noi vecchi non sembrano di qualità, hanno aumentato il loro campo d'influenza *enormemente*. Così, il mercato dei libri finisce per sembrarci come un enorme uovo al paletto*, in cui il rosso, più grande che in passato, è l'editoria di qualità, e il bianco, dilagato a proporzioni enormi, è tutto il resto. In questo senso, volendo capire i barbari, quel che bisognerebbe fare è capire quel bianco: è il campo in cui si sono assestati, senza troppo dar fastidio al rosso. Vogliamo provare a capire di cos'è fatto?

Io una mia idea ce l'ho. Il bianco è fatto di libri che non sono libri. La maggior parte di quelli che oggi comprano libri, non sono lettori. Detta così sembra la solita litania del reazionario che scuote la testa e disapprova (in pratica è la traduzione dello slogan: "la gente non legge più"). Ma vi prego di guardare la cosa con intelligenza: lì dentro è nascosta una delle mosse che costruiscono la genialità dei barbari, la loro bizzarra idea di *qualità*. Provo a spiegare partendo dall'indizio più evidente e volgare: se osservate una classifica di vendite, ci troverete un numero incredibile di libri che non esisterebbero se non partissero, per così dire, da un punto esterno al mondo dei libri: sono libri da cui hanno fatto un film, romanzi scritti da personaggi televisivi, racconti messi giù da gente in qualche modo famosa; raccontano storie che già sono state raccontate altrove, o spiegano fatti che sono già accaduti in un altro momento e in altra forma. Naturalmente la cosa infastidisce e dà quella sensazione diffusa di spazzatura imperante: ma è anche vero che lì, nella sua forma più volgare, crepita un principio che, invece, volgare non è: l'idea che il valore del libro stia nel suo offrirsi come tessera di un'esperienza più ampia: come segmento di una sequenza che è partita altrove e che, magari, finirà altrove. L'ipotesi che possiamo imparare è questa: i barbari usano il libro per completare sequenze di senso che sono generate altrove. Quel che rifiutano, che non li interessa, è il libro che si rifà, completamente, alla grammatica, alla storia, al gusto della civiltà del libro: questo lo ritengono povero di senso. Non è inseribile in nessuna sequenza trasversale, e quindi gli deve parere terribilmente asfittico. O quanto meno: non è quello il gioco che sanno fare.

Per capire bene dovete pensare, che so, a Faulkner. Per scendere con Faulkner in un suo libro, di cosa si ha bisogno? Di aver letto molti altri libri. In un certo senso bisogna essere padroni dell'intera storia letteraria: bisogna essere padroni della lingua letteraria, abituati al tempo anomalo della lettura, allineati a un certo gusto e a una certa idea di bellezza che nel tempo sono stati costruiti all'interno della tradizione letteraria. C'è qualcosa di esterno alla civiltà dei libri che vi è necessario per fare quel viaggio? Quasi niente. Se non esistesse nient'altro che i libri, i libri di Faulkner sarebbero in fondo comprensibilissimi. Lì, il barbaro si ferma. Che senso ha, si deve chiedere, fare una fatica porca per imparare una lingua minore, quando c'è tutto il mondo da scoprire, ed è un mondo che parla una lingua che so?

Volete una regoletta che riassuma tutto questo? Eccola: *i barbari tendono a leggere solo i libri le cui istruzioni per l'uso sono date in posti che NON sono libri.*

Quando tutto si risolve nel leggere i libri dei cantautori al posto di Flaubert, o i romanzi dello scrittore che ti è sembrato simpatico o sexy in televisione, la cosa suona piuttosto deprimente. Ma, ripeto, quello è l'aspetto più volgare, semplice, del fenomeno. Che ha anche attuazioni raffinate. Per me resta, ad esempio, formidabile il caso dei libri venduti insieme ai quotidiani. È un fenomeno che sicuramente non vi è sfuggito. Forse però non avete idea delle dimensioni della cosa. Eccole qua: da quando a qualcuno è venuta l'idea di vendere libri scelti, a poco costo, insieme ai quotidiani, gli italiani ne hanno comprati, solo nei primi due anni, più di 80 milioni di copie. Credetemi, sono cifre senza senso. E sapete una cosa curiosa? A detta degli esperti, una simile alluvione di passione letteraria non ha spostato di un millimetro le vendite tradizionali. Si poteva pensare che quegli stessi libri non avrebbero più venduto per anni: non è successo. Si poteva pensare che avrebbero venduto di più: non è successo. Fantastico, no? C'è qualcuno che ci capisce qualcosa?

Spiegazioni ce ne possono essere tante. Ma per quel che importa a noi, in questo libro, la cosa illuminante è una: quel modo di vendere i libri dava l'impressione che quei libri fossero un segmento di una sequenza più ampia, che la gente usava correntemente, con grande fiducia e soddisfazione: erano un prolungamento del mondo di *Repubblica*, o del *Corriere della Sera*, o della *Gazzetta dello Sport*. La promessa, sottintesa, era che leggere Flaubert sarebbe stato un gesto perfettamente collocabile in sequenza col ricevere le notizie, avere quei gusti culturali, condividere una certa passione politica o praticare un medesimo hobby. La promessa, ancor più sottintesa, era che in qualche modo chi leggeva quel giornale aveva le istruzioni d'uso per poter far funzionare quegli strani oggetti-libro. In realtà non era così, perché poi Faulkner resta Faulkner, anche se ve lo mette in mano, con nonchalance, Eugenio Scalfari: per cui probabilmente li hanno comprati ma poi non li hanno letti: ma è bastato che qualcuno schiudesse la possibilità concettuale che Faulkner fosse collocabile in sequenza con altre narrazioni, per far sì che i barbari (o il tratto barbaro che è in noi, anche nei più incalliti passatisti) rispondessero con istintivo entusiasmo. Risultato: hanno comprato Flaubert persone che mai e poi mai l'avrebbero comprato; e l'hanno ricomprato persone che ne possedevano già due copie. Tutti figli della stessa illusione: che, d'improvviso, l'autoriferimento della letteratura a se stessa si fosse magicamente spezzato. (E poi era simbolicamente così forte il fatto che li si potesse comprare in modo tanto *semplice*. "Mi dia anche questo, va'." Pochi euro. E via, con Faulkner dentro il giornale. Era *veloce*. Non sottovalutate questo: era *veloce*:

era un gesto collocabile in una sequenza veloce di altri gesti. Non era andare in libreria, posteggiare, parlare un po' con il libraio e poi scegliere, riprendere la macchina e finalmente poter far altro. Era veloce. Eppure in mano avevi Faulkner, non Dan Brown. La intuite, la micidiale illusione?)

Riassumo: se uno va a vedere il bianco dell'uovo trova molti atteggiamenti semplicistici, ma anche l'affacciarsi di un'idea, strana e non idiota: il libro come nodo passante di sequenze originate altrove e destinate altrove. Una specie di trasmettitore nervoso, che fa transitare senso da zone limitrofe, collaborando a costruire sequenze di esperienza trasversali. Quest'idea è talmente lontana dall'essere idiota che ha iniziato perfino a modificare il rosso dell'uovo, a contagiarlo. È una cosa difficile da spiegare, ma proverò a farlo.

Più o meno volevo dire questo: i barbari non distruggono la cittadella della qualità letteraria (il rosso dell'uovo, l'abbiamo chiamato), ma è indubbio che l'abbiano contagiata. Qualcosa della loro idea di libro è arrivata fin lì. Mi ha aiutato a capirlo il fatto di esser cascato, tempo fa e per caso, su una pagina di Goffredo Parise*. Sentite qua. È un articolo su Guido Piovene*. E inizia così:

"*(Piovene) è il terzo grande amico della last generation. Il primo fu Giovanni Comisso, poi Gadda. Ho detto 'last generation' perché, in realtà, la generazione letteraria a cui Guido Piovene appartenne, insieme a Comisso e Gadda, e a cui appartengono oggi Montale e Moravia, è davvero l'ultima. La nostra, quella mia, di Pasolini e di Calvino è qualcosa di ibrido, dopo l'ultima: perché di quel veleno (la letteratura, la poesia) fummo nutriti nella giovinezza credendo in una sua lunga e affascinante vita*".

Era una cosa interessante. Sembrava spostare i termini della questione molto indietro: Parise scriveva cose del genere nel 1974! E cos'era questa storia per cui già Calvino e Pasolini erano post? Ecco cosa diceva poco più in là:

"*(La chiamo) ultima generazione perché ebbe tempo di goderla quella bellezza stilistica, e di vedere e vivere i frutti creativi e distruttivi di quell'animo, vita, guerre e arte, che appartengono oggi alla programmazione dei mercati industriale e politico*".

Ecco uno che mi dice che tutto è iniziato trent'anni fa, quando i megastore non esistevano, e nemmeno i libri dei comici. A un certo punto, dice, si è rotto qualcosa. Mi sarebbe piaciuto farmi dire cosa, esattamente. Ma l'articolo se ne andava poi per conto suo. Non prima però di aver appuntato, quasi di passaggio, una frasetta che mi è rimasta nella memoria:

"*Piovene, come Montale e Moravia e al contrario di noi, aveva vissuto un certo numero di anni in cui la parola scritta fu espressione molto prima di comunicazione*".

Espressione molto prima di comunicazione. Ecco il punto. L'incrinatura. L'inizio della fine. Sono parole vaghe (espressione, comunicazione), ma io ci ho trovato il sapore dell'intuizione preziosa. Magari l'ho capita male, ma per me indicava molto bene *la direzione di un movimento*. Non lo spiegava, ma ne identificava molto bene la rotta: una rotta orizzontale invece che verticale. D'improvviso la parola scritta spostava il suo baricentro dalla voce che la pronunciava all'orecchio che l'ascoltava. Per così dire, risaliva in superficie, e andava a cercarsi il transito del mondo: a costo di perdere, nel commiato dalle sue radici, tutto il proprio valore.

Come intuì Parise, non si trattava di una semplice variazione allo statuto di un'arte: ne era la fine. Last generation. Quel che è venuto dopo, è già contagio barbaro, seppur molto prudente, graduale, riformista. La percepiamo come un'apocalisse, perché in effetti scalza i fondamenti della civiltà della parola scritta, e non le lascia prospettive di sopravvivenza. Ma in realtà, senza dare troppo nell'occhio, non distrugge solo ma insegue un'altra idea di civiltà e di qualità letteraria. È un'idea che abbiamo visto spuntare nella spazzatura che riempie le classifiche di vendita, ma che qui vediamo all'opera in un contesto più alto: addirittura nel rosso dell'uovo. Viene dalla frasetta di Parise, ma si spinge assai più in là. Dice questo: privilegiare la comunicazione non vuol dire scrivere cose banali in modo più semplice per farsi capire: significa diventare tasselli di esperienze più ampie, che non nascono, né muoiono, nella lettura. La qualità di un libro, per i barbari, sta nella quantità di energia che quel libro è in grado di ricevere dalle altre narrazioni, e poi di riversare in altre narrazioni. Se in un libro *passano* quantità di mondo, quello è un libro da leggere: se anche tutto il mondo fosse là dentro, ma *immobile*, privo di comunicazione con l'esterno, quello è un libro inutile. So che fa impressione, ma vi chiedo di assumere che questo sia, bene o male, il loro principio. E di capirne le conseguenze.

Lo voglio dire senza mezzi termini: nessun libro può esser una cosa del genere se non adotta la lingua del mondo. Se non si allinea alla logica, alle convenzioni, ai princìpi della lingua più forte prodotta dal mondo. Se non è un libro *le cui istruzioni per l'uso sono date in luoghi che NON sono solamente libri*. Dire che luoghi sono, non è facile: ma la lingua del mondo, oggi, indubitatamente, si forma in televisione, al cinema, nella pubblicità, nella musica leggera, forse nel giornalismo. È una specie di lingua dell'Impero, una specie di latino, parlato da tutto l'occidente. È fatta da un lessico, da una certa idea di ritmo, da una collezione di sequenze emotive standard, da alcuni tabù, da una precisa idea di velocità, da una geografia di caratteri. I barbari vanno verso i libri, e ci vanno volentieri, ma per loro hanno valore solo quelli scritti in quella lingua: perché così non sono libri, ma segmenti di una sequenza più ampia, scritta nei caratteri dell'Impero, che magari è partita dal cinema, passata da una canzonetta, approdata in tivù, e dilagata in Internet. Il libro, di per sé, non è un valore: il valore è *la sequenza*.

A un livello minimo, come abbiamo visto, tutto ciò produce il lettore che, per prolungare *Porta a Porta* compra i libri di Vespa, o per far proseguire *Narnia,* compra il romanzo da cui è tratto. Ma a livello un po' più raffinato, produce, ad esempio, i lettori dei libri di genere, thriller su tutti: perché i generi trovano fondamento spesso fuori dalla tradizione letteraria: puoi anche non aver mai letto un libro, ma le regole del giallo le conosci. Sono scritti nella lingua del mondo. Sono scritti in latino. Per essere più precisi, il loro DNA è scritto in un codice universale, in latino: poi i loro tratti somatici possono anche essere particolari e bizzarri: anzi, questo costituisce una ragione d'interesse. Assicurata la porta d'ingresso di una lingua universale, il barbaro può poi spingersi anche molto lontano sul terreno della variante o della raffinatezza. Pensate a Camilleri: vi sembra, la sua, una lingua globalizzata, standard, mondiale? Certamente no. Eppure molti barbari non hanno difficoltà ad amarla: perché, a monte, quelli di Camilleri sono libri scritti in latino: lo sono talmente che quando il barbaro, secondo il suo tipico istinto, li immette in una sequenza più ampia e trasversale, traducendoli in linguaggio televisivo, quei libri non fanno resistenza, anzi sono già bell'e che tradotti. Eppure la lingua di Camilleri è favolosa, raffinata, letteraria, se volete anche un po' difficile: ma non è quello il punto. Camilleri è più difficile tradurlo in francese che tradurlo in linguaggio televisivo: questo è il punto. In libri come i suoi, penso, si incontrano il portato della vecchia e nobile civiltà letteraria e la scossa dell'ideologia dei barbari: sono animali mutanti, e in questo descrivono bene il contagio a cui il rosso dell'uovo è andato incontro.

È spesso stupido dare una data precisa alle rivoluzioni, ma se penso al piccolo orticello della letteratura italiana, allora penso che il primo libro di qualità a intuire questa svolta, e a cavalcarla, sia stato *Il nome della rosa*, di Umberto Eco (1980, bestseller planetario). Probabilmente, lì, la letteratura italiana, nel suo antico senso di civiltà della parola scritta e dell'espressione, è finita. E qualcosa d'altro, di barbarico, è nato. Non è un caso che a scrivere quel libro sia stato uno che veniva da zone limitrofe, non uno scrittore puro: quel libro era, già di suo, una sequenza, un trasferimento da provincia a provincia. Non sgorgava dal talento di un animale-scrittore, ma dall'intelligenza di un teorico che, guarda caso, aveva prima di altri e meglio di altri studiato le vie di comunicazione trasversali del mondo. Per me è il primo libro scritto bene di cui si possa dire serenamente: le sue istruzioni per l'uso sono integralmente date in luoghi che non sono libri. Può sembrare paradossale, perché poi parlava di Aristotele, di teologia, di storia, ma in realtà è così: se ci pensate bene, potete anche non avere mai letto un libro prima, e *Il nome della rosa* vi piacerà lo stesso. È scritto in una lingua che avete imparato altrove. Dopo quel libro, non c'è più stato rosso d'uovo al riparo da quella malattia.

Voilà. È stata un po' lunga, ma la visita al villaggio saccheggiato dei libri è finita. Cosa vorrei che imparaste da questo viaggetto? Due cose. La prima: i grandi mercanti non creano bisogni: li soddisfano. Se ci sono bisogni nuovi, nascono dal fatto che è nuova la gente che ha avuto accesso al riservato campo del desiderare. La seconda: anche in quel villaggio i barbari sacrificano il quartiere più alto, nobile e bello, in favore di una dinamizzazione del senso: svuotano il tabernacolo, purché ci passi dell'aria. Hanno una buona ragione per farlo: è l'aria che loro respirano.

Prima il vino, poi il calcio, infine i libri. Se volevamo capire come combattono i barbari, ormai abbiamo alcuni strumenti per farlo. Finisce la prima parte di questo libro *(Saccheggi)*, e inizia la seconda, quella che va dritta allo scopo: fare il ritratto al mutante, e la foto al barbaro. Titolo: *Respirare con le branchie di Google*. Capirete presto.

RESPIRARE CON LE BRANCHIE DI GOOGLE

Mi rigiravo nella mente queste piccole scoperte, fatte andando a spiare i saccheggi dei barbari. Era tutto quello che sapevo di loro. Come combattevano. Me le riscrivevo, in colonna, o di seguito: invertivo l'ordine, provavo con l'ordine alfabetico. Mi era evidente che a saperle leggere insieme, come un unico movimento armonico, allora avrei visto l'animale: in corsa. Magari avrei capito dove stava andando, e che tipo di forza impiegava, e perché corresse. Era come cercare di adunare delle stelle nella figura compiuta di una costellazione: quello sarebbe stato il ritratto dei barbari.

Un'innovazione tecnologica che rompe i privilegi di una casta, aprendo la possibilità di un gesto a una popolazione nuova.

L'estasi commerciale che va ad abitare quell'ingigantimento dei campi da gioco.

Il valore della spettacolarità, come unico valore intoccabile.

L'adozione di una lingua moderna come lingua base di ogni esperienza, come precondizione a qualsiasi accadere.

La semplificazione, la superficialità, la velocità, la medietà.

La pacifica assuefazione all'ideologia dell'impero americano.

Quell'istinto al laicismo, che polverizza il sacro in una miriade di intensità più leggere, e prosaiche.

La stupefacente idea che qualcosa, qualsiasi cosa, abbia senso e importanza solo se riesce a inserirsi in una più ampia sequenza di esperienze.

E quel sistematico, quasi brutale, attacco al tabernacolo: sempre e comunque contro il tratto più nobile, colto, spirituale di ogni singolo gesto.

Non ho dubbi, lo devo dire sinceramente, non ho dubbi che quello sia il loro modo di combattere. Non ho dubbi sul fatto che tutte quelle mosse le fanno simultaneamente, e quindi rappresentano ai loro occhi una mossa sola, siamo noi che siamo ciechi e non lo capiamo, per loro è molto semplice, è l'animale che corre, amen. E noi non lo capiamo, ma sotto sotto già abbiamo metabolizzato quel movimento, quella corsa la conosciamo, in un certo modo, senza volerla conoscere, ma la conosciamo. A tal punto che quando uno di quegli elementi manca, non risponde all'appello, noi lo cerchiamo, sissignore, lo andiamo a cercare, perché ci manca. Come nel caso dei libri, pensateci, dove c'è tutto tranne l'innovazione tecnologica, quella non c'è, e allora, guarda caso, la si va a cercare, quasi la si implora, andando a chiedere agli scrittori se scrivere col computer ha cambiato le cose, e la risposta è no, ne è proprio sicuro?, sì, peccato, e allora magari i blog*, ecco magari i blog hanno sventrato la letteratura, l'hanno addirittura sostituita, ma non è vero, è così evidente che non è vero, e quindi neanche lì ci si placa, finendo sulla domanda delle domande, che immancabilmente si fa a tutti i Nobel, se cioè il libro abbia ancora un futuro, se un oggetto così antico e obsoleto possa resistere ancora qualche anno, ma anche lì la risposta è implacabile, e dice che non si è inventato ancora niente di meglio, di tecnologicamente più raffinato e formidabile, perché nessuno schermo ancora vale la luce riflessa dell'inchiostro, e provate voi a portarvi a letto il vostro portatile e a leggere lì sopra il vostro Flaubert o il vostro Dan Brown, provateci, è uno schifo. Per cui la svolta tecnologica non c'è. Ma sotto sotto ci spiace. Sarebbe così più comprensibile tutto quanto, se già l'umanità leggesse su un unico supporto gommoso senza fili, su cui, a piacimento, comparissero i giornali, i libri, i fumetti, e links di tutti i tipi, e foto e film, sarebbe così più semplice capire perché Faulkner non lo legge più nessuno. Sarebbe più comprensibile l'animale, mentre così, senza le gambe posteriori, sembra solo uno scherzo grottesco, e dunque un'apocalisse senza ragione. (E infatti il villaggio dei libri è a tutt'oggi molto più una città aperta, in cui coabitano due civiltà, che un saccheggio compiuto in cui ha vinto una nuova cultura. Il tempo di inventare l'oggetto gommoso senza fili, e allora sì, sarà un bel bagno di sangue intellettuale.)

Così non ho dubbi, e so che il ritratto dei barbari è nascosto là dentro, ed è inscritto in quelle poche righe, in quella specie di lista della spesa. Che mi piacerebbe fosse ormai una lista che tenete in tasca anche voi, fatta di parole diventate vostre, che potreste spiegare alla fidanzata, o accennare a un figlio. Se non è così, è un disastro. Ma io non credo ai disastri.

Così credo invece che abbiate capito, se avete letto avete capito, e quindi comprenderete bene perché a un certo punto, a furia di dormire su quella lista della spesa, l'animale l'ho visto, oh yes, era lì e correva, e si lasciava vedere. Non nitidamente, è ovvio, se ne correva nel fitto del bosco, si poteva giusto vederlo da lontano, ma era proprio lui, o almeno io credo che fosse proprio lui. E dove c'erano stelle, eccola là, una costellazione. È tipico del mio non essere un barbaro, il fatto che tutto sia iniziato leggendo un libro. Non era Kant, neppure Benjamin, 'sta volta. Era un libro su *Google*.

Google è un motore di ricerca. Il più famoso, amato, e usato motore di ricerca del mondo. Un motore di ricerca è uno strumento inventato per orientarvi nel mare dei siti web*. Voi scrivete cosa vi interessa ("lasagne") e lui vi dà la lista di tutti, dico tutti i siti in cui si parla di lasagne (3 milioni 360.000, per la cronaca). Oggi, sul pianeta terra, se un umano accende un computer, nel 95 per cento dei casi lo fa per effettuare una di queste due operazioni: scambiare mail e consultare un motore di ricerca (così, en passant, annoto che una volta su quattro, quando un umano mette una parola in un motore di ricerca, quella parola ha a che fare con sesso e pornografia. Che allegroni!). Va detto che non è sempre stato così. Per quella singolare forma di miopia che contraddistingue lo sguardo di tutti i profeti che ci azzeccano, i primi padroni del web intuirono che ci saremmo fatti di mail, ma esclusero che saremmo andati a usare quella roba senza senso che era un motore di ricerca. Credo che avessero in mente il famoso ago nel pagliaio: non aveva senso cercare le cose in quel modo. Quello a cui credevano erano *i portali**: una delle idee che ha fatto perdere più soldi negli ultimi dieci anni. Credevano cioè che tutti ci saremmo cercati un nostro fornitore di fiducia e a lui avremmo chiesto tutto: previsioni meteo, foto di Laetitia Casta nuda, news, musica, film e naturalmente anche la ricetta delle lasagne. Saremmo cioè entrati nell'immenso oceano del web scegliendo una porta particolare, a noi congeniale, che poi ci avrebbe indirizzato. Il portale, appunto. Oggi, pare, quasi nessuno si sogna di fare così. Non ci siamo cascati! (Spiegatemi perché dovrei farmi dire che tempo fa domani da Virgilio* quando posso andare direttamente in un sito Meteo, senza dovermi sorbire tutta quell'altra paccottiglia: così abbiamo più o meno pensato.) Insomma, non ci credevano: e mentre spendevano cifre da capogiro per i portali, i motori di ricerca languivano, facendo acqua da tutte le parti, e aspettando il momento di sparire.

Quel che successe, poi, fu che un paio di studenti dell'Università di Stanford, stufi di usare AltaVista* perdendo il proprio tempo, pensarono che era giunta l'ora di inventare un motore di ricerca come dio comanda. Andarono dal loro professore e gli dissero che quella sarebbe stata la loro ricerca di dottorato. Molto interessante, disse lui, poi dovette aggiungere una cosa tipo E adesso, a parte gli scherzi, ditemi cosa avete in mente di fare. Non gli sfuggiva che per programmare un motore di ricerca bisognava, innanzitutto, scaricare* l'intero web su un computer. Se non hai un mazzo di carte in mano, un mazzo con tutte le carte, non puoi inventare un gioco di bravura con cui trovarne una. Nel caso specifico si trattava di scaricare qualcosa come 300 milioni di pagine web. Ma in effetti non si sapeva nemmeno con esattezza fino a dove si spingesse il grande oceano, e tutti sapevano che ogni giorno disegnava spiagge nuove. Al prof. dovette apparire chiaro che quei due gli stavano proponendo di circumnavigare il globo su una vasca da bagno. La vasca da bagno era il computer assemblato che tenevano in garage.

Io me lo vedo che si lascia andare contro lo schienale e allungando le gambe chiede con un sorrisetto da barone: Intendete per caso scaricare l'intero web?

Lo stiamo già facendo, risposero loro.

Applausi.

Google 2

I due ragazzi americani che, contro ogni buon senso, stavano scaricando nel loro garage l'intero web si chiamavano Larry Page e Sergey Brin. Ai tempi avevano ventitré anni. Facevano parte della prima generazione cresciuta tra i computer: gente che già alle elementari viveva con una mano sola perché l'altra era avvitata sul mouse. In più venivano entrambi da famiglie di insegnanti o ricercatori informatici. In più studiavano alla Silicon Valley*. In più avevano due cervelli micidiali (nel senso di uno a testa, si intende). Adesso noi siamo colpiti dal fatto che poi, in cinque anni, i due siano riusciti a guadagnare qualcosa come 20 milioni di dollari: ma è importante capire che, all'inizio, non erano i soldi quello che cercavano.

Quel che avevano in mente era un obiettivo tanto candidamente folle quanto semplicemente filantropico: rendere accessibile tutto il sapere del mondo: accessibile a chiunque, in modo facile, veloce e gratuito. Il bello è che ci sono riusciti. La loro creatura, Google, è di fatto quel che di più simile all'invenzione della stampa ci sia stato dato di vivere. Quei due sono gli unici Gutenberg venuti dopo Gutenberg. Non la sparo grossa: è importante che capiate che è vero, profondamente vero. Oggi, usando Google, ci vuole una manciata di secondi e una decina di click* perché un umano dotato di computer acceda a qualsiasi insenatura del sapere. Sapete quante volte gli abitanti del pianeta Terra faranno quell'operazione oggi, proprio oggi? Un miliardo di volte. Più o meno centomila ricerche al secondo. Avete in mente cosa significa? Percepite l'immane senso di "liberi tutti", e sentite le urla apocalittiche dei sacerdoti che si vedono scavalcati e improvvisamente inutili?

Lo so, l'obiezione è: quel che sta in rete*, per quanto enorme sia la rete, non è il sapere. O almeno, non è *tutto* il sapere. Per quanto derivata, spesso, da una certa incapacità a usare Google, è un'obiezione sensata: ma non illudetevi troppo. Pensate che non sia stato lo stesso per la stampa e Gutenberg? Avete in mente le tonnellate di cultura orale, irrazionale, esoterica che nessun libro stampato ha mai potuto contenere? Ci pensate a tutto quello che è andato perso perché non entrava nei libri? O a tutto quello che ha dovuto semplificarsi e addirittura svilirsi per riuscire a diventare scrittura, e testo, e libro? Eppure, non ci abbiamo pianto troppo sopra, e ci siamo assuefatti a questo principio: la stampa, come la rete, non è un innocente contenitore che ospita il sapere, ma una forma che modifica il sapere a propria immagine. È un imbuto dove passano i liquidi, e tanti saluti, che so, a una palla da tennis, a una pesca o a un cappello. Che piaccia o no, è già successo con Gutenberg, risuccederà con Page e Brin.

Dico questo per spiegare che se qui parliamo di Google non stiamo parlando di una robetta curiosa o di un'esperienza come un'altra, tipo il vino o il calcio. Google non ha nemmeno dieci anni di vita, ed è già nel cuore della nostra civiltà: se tu lo spii, non stai visitando un villaggio saccheggiato dai barbari: sei nel loro accampamento, nella loro capitale, nel palazzo imperiale. Mi spiego? È da 'ste parti che, se c'è un segreto, tu puoi trovarlo.

Così diventa importante capire cosa, esattamente, fecero quei due che nessuno prima aveva immaginato. La risposta giusta sarebbe: molte cose. Ma è una, in particolare, quella che, per questo libro, sembra rivelativa. Provo a spiegarla. Per quanto possa sembrare strano, il vero problema, se vuoi inventare un motore di ricerca perfetto, non è tanto quello di dover scaricare un database di 13 miliardi di pagine web (tante sono, oggi). In fondo, se stipi migliaia di computer in un hangar e sei uno nato con Windows*, ce la puoi fare serenamente. Il vero problema è un altro: una volta che hai isolato in mezzo a quell'oceano i 3 milioni e passa di pagine web dove compare la parola *lasagne*, come fai a metterle in un qualsiasi ordine che faciliti la ricerca? È chiaro che se le sbatti lì, a caso, tutto il tuo lavoro è vano: sarebbe come far entrare un poveretto in una biblioteca in cui ci sono 3 milioni di volumi (sulle lasagne) e poi dirgli: arrangiati un po' tu. Se non risolvi quel problema, il sapere rimane inaccessibile, e i motori di ricerca, inutili.

Quando Brin e Page iniziarono a cercare una soluzione, avevano chiaro in mente che gli altri, quelli che già ci stavano provando, erano lontani dall'averla trovata. In genere, lavoravano sulla base di un principio molto logico, anzi troppo logico, e, a pensarci adesso, tipicamente pre-barbaro, quindi antico. In pratica si fidavano delle ripetizioni. Più volte compariva in una pagina la parola richiesta, più quella pagina saliva nelle prime posizioni*. Concettualmente, è una soluzione che rinvia a un modo di pensare classico: il sapere è dove lo studio è più approfondito e articolato. Se uno ha scritto un saggio sulla lasagna, è probabile che il termine lasagna ricorra molte volte, e quindi è lì che il ricercatore viene spedito. Naturalmente, oltre a essere obsoleto, il sistema faceva acqua da tutte le parti. Un saggio scemo sulla lasagna, in quel modo, figurava molto prima di una semplice, ma utile, ricetta. Inoltre, come potevi difenderti dal sito personale del signor Mario Lasagna? Era un inferno. Ad AltaVista (il motore di ricerca migliore, ai tempi) reagirono con una mossa che la dice lunga sul carattere conservatore di quelle prime soluzioni: pensarono di attivare degli editor che studiassero i 3 milioni di pagine sulle lasagne, e poi le mettessero in ordine di rilevanza. Anche un bambino avrebbe capito che non poteva funzionare. Però ci provarono, e per noi questo segna un'importante pietra miliare: è l'ultimo disperato tentativo di affidare all'intelligenza e alla cultura un giudizio sulla rilevanza dei luoghi del sapere. Da lì in poi, sarebbe stato tutto diverso. Da lì in poi, c'erano le terre dei barbari.

Per essere precisi, era il 1996. Più giravano tra i motori di ricerca esistenti, più Page e Brin si convincevano che si poteva fare molto meglio. Una volta ne scoprirono uno che non trovava se stesso. Si chiamava Inktomi. Se digitavi Inktomi non aveva risposte! Era urgente fare qualcosa.

Come abbiamo detto il problema principale era la classificazione dei risultati: come dare un ordine gerarchico alle tonnellate di pagine che venivano fuori se facevi una ricerca. Quando andava bene, i motori di ricerca esistenti mettevano per prime le pagine in cui la parola cercata ricorreva più volte. Era sempre meglio che niente. Per questo Page passava il suo tempo a vedere come se la cavava il migliore di quei motori di ricerca, AltaVista. E fu lì che incominciò a notare qualcosa che attirò la sua attenzione. Erano parole, o frasi, sottolineate: se ci cliccavi sopra finivi direttamente in una pagina web. Si chiamavano *links**. Adesso noi li usiamo correntemente, ma ai tempi (dieci anni fa, pensa te), si stava giusto imparando a usarli. Tanto che AltaVista non sapeva nemmeno bene che farsene: li elencava, e si metteva il cuore in pace.

Per Page e Brin, invece, fu l'inizio di tutto. Furono tra i primi a intuire che i links non erano un utile optional della rete: erano il senso stesso della rete, il suo compimento definitivo. Senza links, Internet* sarebbe rimasto un catalogo, nuovo nella forma, ma tradizionale nella sostanza. Coi links diventava qualcosa che avrebbe cambiato il modo di pensare.

Uno le intuizioni le può anche avere, ma poi il problema è crederci. Page e Brin ci credettero. Cercavano un sistema per valutare l'utilità delle pagine web di fronte a una determinata ricerca: lo trovarono in un principio apparentemente elementare: *sono più rilevanti le pagine verso cui punta un maggior numero di links.* Le pagine che sono più citate da altre pagine.

Fate attenzione. C'è un modo molto sbrigativo e inutile di capire questa intuizione: ed è allinearlo al principio commerciale per cui vale di più quello che vende di più. Di per sé è un principio ottuso, che conduce a un circolo vizioso: quel che vende di più avrà più visibilità e quindi venderà ancora di più. Ma in realtà Page e Brin non pensavano a quello. Avevano in mente tutt'altra cosa. Erano cresciuti in famiglie di scienziati e studiosi, e avevano in mente il modello delle riviste scientifiche. Lì, potevi valutare il valore di una ricerca dal numero di citazioni che ne facevano altre ricerche. Non era una faccenda commerciale, era una faccenda logica: se alcuni risultati erano convincenti, erano usati da altri ricercatori, che dunque li citavano. Page e Brin erano convinti che si potessero considerare i links come delle citazioni di un saggio scientifico. Per cui un sito era attendibile e utile nella misura in cui altri siti lo segnalavano. Detta così, ammetterete, suona già più sottile. Azzardata, ma sottile.

La loro intuizione divenne qualcosa di davvero dirompente quando si decisero a fare il passo dopo. Capirono che, a voler essere ancora più efficaci, si sarebbe dovuto tener conto del valore del sito da cui partiva il link. In pratica, e tornando al caso delle riviste scientifiche, se a citarti è Einstein è un conto, se a farlo è tuo cugino, è un altro. Come stabilire, nel mare magnum del web, chi era Einstein e chi tuo cugino? La risposta che diedero non faceva una piega: Einstein è il sito verso cui punta il maggior numero di links. Dunque un link che parte da Yahoo!*

è più significativo di un link partito dal sito personale di Mario Rossi. Non perché Rossi sia un fesso o abbia un nome meno bello: ma perché ci sono migliaia di links che, da ogni parte, puntano a Yahoo!: verso Rossi, se va bene, ce ne sono un paio (la figlia, il circolo delle bocce).

Google nasce da lì. Dall'idea che le traiettorie suggerite da milioni di links avrebbero scavato i sentieri guida del sapere. Restava da trovare un algoritmo di mostruosa difficoltà per tenere a bada quel calcolo vertiginoso di links che si intrecciavano: ma a quello ci pensò Page, che aveva un cervello matematico. Oggi, quando cercate "lasagne" su Google, quello che trovate è una lista infinita di cui leggerete solo le prime tre pagine: in quelle tre pagine ci sono i siti che vi servono, e Google li ha individuati incrociando molti tipi di valutazione: la ricetta è segreta, ma tutti sanno che l'ingrediente principale, e geniale, è dato da quella teoria dei links.

Questo non è un libro sui motori di ricerca, e quindi non mi importa capire se quei due avevano ragione o no. Quello che mi interessa è isolare il principio attorno a cui è stato costruito Google, perché credo che lì ci sia una specie di trailer della mutazione in atto. Ne do più brutalmente possibile una prima enunciazione imperfetta: il valore di un'informazione, nel web, è dato dal numero di siti che vi indirizzano verso di essa: e quindi dalla velocità con cui, chi la cerca, la troverà. Prendetelo alla lettera: non significa che il testo più importante sulle lasagne è quello che è letto da più gente; non significa nemmeno che è quello fatto meglio. Significa che è quello a cui arrivate prima se state cercando qualcosa di esaustivo sulle lasagne.

Per spiegarsi bene, Page amava fare ai suoi investitori un esempio (per incastrarli, è ovvio). Provate a entrare nel web da una pagina qualunque, e da lì cercate la data di nascita di Dante, usando solo i links. Il primo sito in cui la troverete è, per il vostro tipo di ricerca, il migliore. Capite bene: non è il fatto di farvi risparmiare tempo che lo rende migliore: è il fatto che tutti vi abbiano indirizzato lì. Perché in realtà quello che avete fatto non è altro che passeggiare là dentro e chiedere a chiunque incontravate dove potevate trovare la data di nascita di Dante. E loro vi hanno risposto: dandovi un loro giudizio di qualità. Non vi indicavano una scorciatoia: vi indicavano il posto secondo loro migliore dove quella data ci sarebbe stata, e giusta. La velocità è generata dalla qualità, non il contrario. I proverbi, diceva Benjamin con una bella espressione, sono i geroglifici di un racconto: la pagina web che trovate in testa ai risultati di Google è il geroglifico di tutto un viaggio, fatto di link in link, attraverso l'intera rete.

E adesso, molta attenzione. Quello che mi colpisce, di un simile modello, è che riformula radicalmente il concetto stesso di qualità. L'idea di *cosa è importante e cosa no*. Non che distrugga completamente il nostro vecchio modo di vedere le cose, ma certo *lo travalica*, per così dire. Faccio due esempi. Primo: è un principio che proviene dal mondo delle scienze, per cui ha una certa considerazione per la cara vecchia idea che un'informazione sia corretta e importante nella misura in cui corrisponde alla verità: ma se l'unico sito in grado di dire la verità sulla frase di Materazzi fosse in sanscrito, Google con ogni probabilità non lo metterebbe tra i primi trenta: è probabile che vi segnalerebbe come sito migliore quello che dice la cosa *più vicina* alla verità *in una lingua comprensibile alla maggior parte degli umani*. Che razza di criterio di qualità è questo che è disposto a barattare un pezzo di verità in cambio di una quota di comunicazione?

Secondo esempio. In genere noi ci fidiamo degli esperti: se nel loro complesso i critici letterari del mondo decidono che Proust è un grande, noi pensiamo che Proust è un grande. Ma se voi entrate in Google e digitate: "capolavoro letterario", chi è, di preciso, che vi spingerà abbastanza velocemente a incocciare la *Recherche*? Dei critici letterari? Solo in parte, in minima parte: a spingervi fin lì saranno siti di cucina, meteo, informazione, turismo, fumetti, cinema, volontariato, automobili e, perché no, pornografia. Lo faranno direttamente o indirettamente, come sponde di un biliardo: voi siete la biglia, Proust è la buca. E allora io mi chiedo: *da che genere di sapienza* deriva il giudizio che la rete ci dà, e che ci conduce a Proust? Ha un nome, una roba del genere?

Ecco: quel che c'è da imparare, da Google, è quel nome. Io non saprei trovarlo, ma credo di intuire la mossa che nomina. Una certa rivoluzione copernicana del sapere, per cui il valore di un'idea, di un'informazione, di un dato, è legato non principalmente alle sue caratteristiche intrinseche ma alla sua storia. È come se dei cervelli avessero iniziato a pensare in altro modo: per essi un'idea non è un oggetto circoscritto, ma una traiettoria, una sequenza di passaggi, una composizione di materiali diversi. È come se il Senso, che per secoli è stato legato a un ideale di permanenza, solida e compiuta, si fosse andato a cercare un habitat diverso, sciogliendosi in una forma che è piuttosto movimento, struttura lunga, viaggio. Chiedersi cos'è una cosa, significa chiedersi che strada ha fatto fuori da se stessa.

Lo so che l'ermeneutica novecentesca ha già prefigurato, in maniera molto sofisticata, un paesaggio del genere. Ma adesso che lo vedo diventato operativo in Google, nel gesto quotidiano di miliardi di persone, capisco forse per la prima volta quanto esso, preso sul serio, comporti una reale mutazione collettiva, non un semplice aggiustamento del sentire comune. Quel che insegna Google è che c'è oggi una parte enorme di umani per la quale, ogni giorno, il sapere che conta *è quello in grado di entrare in sequenza con tutti gli altri saperi*. Non c'è quasi altro criterio di qualità, e perfino *di verità*, perché tutti se li ingoia quell'unico principio: la densità del Senso è dove il sapere passa, dove il sapere è in movimento: tutto il sapere, nulla escluso. L'idea che *capire* e *sapere* significhino entrare in profondità in ciò che studiamo, fino a raggiungerne l'essenza, è una bella idea che sta morendo: la sostituisce l'istintiva convinzione che l'essenza delle cose non sia un punto ma una traiettoria, non sia nascosta in profondità ma dispersa in superficie, non dimori dentro le cose, ma si snodi fuori da esse, dove realmente incominciano, cioè ovunque. In un paesaggio del genere, il gesto *di conoscere* dev'essere qualcosa di affine al solcare velocemente lo scibile umano, ricomponendo le traiettorie sparse che chiamiamo idee, o fatti, o persone. Nel mondo della rete, a quel gesto hanno dato un nome preciso: *surfing* (coniato nel 1993, non prima, preso in prestito da quelli che cavalcano le onde su una tavola). La vedete la leggerezza del cervello che sta in bilico sulla schiuma delle onde? *Navigare* in rete, diciamo noi italiani. Mai nomi furono più precisi. Superficie al posto di profondità, viaggi al posto di immersioni, gioco al posto di sofferenza. Sapete da dove viene il nostro caro vecchio termine cercare? Porta nella pancia il termine greco, κίρκος, cerchio: avevamo in mente quello che continua a girare in cerchio perché ha perso qualcosa, e lo vuole trovare. Capo chino, sguardo su un fazzoletto di terra, tanta pazienza e un cerchio sotto i piedi che sprofonda a poco a poco. Che mutazione, ragazzi.

Voglio dirvi una cosa. Se i libri sono montagne, e se voi mi avete seguito fin qui, allora eccoci a un passo dalla vetta. Si tratta ancora di capire come un principio dedotto da un software* possa descrivere la vita che accade fuori dalla rete. Parete verticale, ma è anche l'ultima. Poi ci attende l'arte sublime della discesa.

Esperienza

Ce l'avete un posto tranquillo dove leggere questa puntata? In certo modo, se avete fatto il cammino fin qui, vi meritate di leggervela in santa pace. Niente di straordinario, ma certo stavamo cercando di vedere l'animale, e adesso eccolo lì. Quel che posso farvi capire dei barbari, eccolo qui.

Io l'ho imparato passando il tempo nei villaggi saccheggiati, a farmi raccontare come i barbari avevano fatto a vincere, e a disintegrare mura così alte e solide. Mi è piaciuto studiare le loro tecniche d'invasione, perché ci vedevo le singole mosse di un movimento più ampio, a cui era stupido negare un senso, una logica, e un sogno. Alla fine sono capitato in Google, e sembrava giusto un esempio tra gli altri, ma non lo era, perché non era un vecchio villaggio saccheggiato, ma un accampamento costruito nel nulla, il loro accampamento. Mi è parso di vederci qualcosa che non era il cuore della faccenda, ma certo ne sembrava il battito: un principio di vita anomalo, inedito. Un modo diverso di respirare. Branchie.

Adesso mi chiedo se quello sia un fenomeno circoscritto, legato a uno strumento tecnologicamente nuovissimo, la rete, e sostanzialmente relegato lì. E so che la risposta è no: con le branchie di Google respira ormai un sacco di gente, a computer spenti, nel tempo qualsiasi delle sue giornate. Scandalosi e incomprensibili: animali che corrono. Barbari. Posso provare a disegnarli? Ero qui per questo.

Probabilmente, quello che in Google è un movimento che insegue il *sapere*, nel mondo reale diventa il movimento che cerca *l'esperienza*.

Vivono, gli umani, e per loro l'ossigeno che garantisce la non-morte è dato dall'accadere di esperienze. Tanto tempo fa, Benjamin, sempre lui, insegnò che *fare esperienza* è una possibilità che può anche venire a mancare. Non è data automaticamente, nel corredo della vita biologica. *L'esperienza* è un passaggio forte della vita quotidiana: un luogo in cui la percezione del reale si raggruma in pietra miliare, ricordo, e racconto. È il momento in cui l'umano prende possesso del suo reame. Per un attimo ne è padrone, e non servo. Fare esperienza di qualcosa, significa salvarsi. Non è detto che sia sempre possibile.

Posso sbagliarmi, ma io credo che la mutazione in atto, che tanto ci sconcerta, sia riassumibile interamente in questo: è cambiato il modo di fare esperienza. C'erano dei modelli, e delle tecniche, e da secoli portavano al risultato di *fare esperienza*: ma in qualche modo, a un certo punto, hanno smesso di funzionare. Per essere più precisi: non c'era nulla di rotto, in loro, ma non producevano più risultati apprezzabili. Polmoni sani, ma tu respiravi male. La possibilità di fare esperienza è venuta a mancare. Cosa doveva fare, l'animale? Curarsi i polmoni? L'ha fatto a lungo. Poi, a un certo punto ha messo su le branchie. Modelli nuovi, tecniche inedite: e ha ricominciato a fare esperienza. Ormai era un pesce, però.

Il modello formale del movimento di quel pesce l'abbiamo scoperto in Google: traiettorie di links, che corrono in superficie. Traduco: l'esperienza, per i barbari, è qualcosa che ha forma di stringa, di sequenza, di traiettoria: implica un movimento che inanella punti diversi nello spazio del reale: è l'intensità di quel lampo.

Non era così, e non è stato così per secoli. L'esperienza, nel suo senso più alto e salvifico, era legata alla capacità di accostarsi alle cose, una per una, e di maturare un'intimità con esse capace di dischiuderne le stanze più nascoste. Spesso era un lavoro di pazienza, e perfino di erudizione, di studio. Ma poteva anche accadere nella magia di un istante, nell'intuizione lampo che scendeva fino in fondo e riportava a casa l'icona di un senso, di un vissuto effettivamente accaduto, di un'intensità del vivere. Era comunque una faccenda quasi intima fra l'uomo e una scheggia del reale: era un duello circoscritto, e un viaggio in profondità.

Sembra che per i mutanti, al contrario, la scintilla dell'esperienza scocchi nel veloce passaggio che traccia tra cose differenti la linea di un disegno. È come se nulla, più, fosse esperibile se non all'interno di sequenze più lunghe, composte da differenti "qualcosa". Perché il disegno sia visibile, percepibile, reale, la mano che traccia la linea dev'essere un unico gesto, non la vaga successione di gesti diversi: un unico gesto *completo*. Per questo deve essere *veloce*, e così fare esperienza delle cose diventa passare in esse giusto per il tempo necessario a trarne una spinta sufficiente a finire altrove. Se su ogni cosa il mutante si soffermasse con la pazienza e le attese del vecchio uomo con i polmoni, la traiettoria si disferebbe, il disegno andrebbe in pezzi. Così il mutante ha imparato un tempo, minimo e massimo, in cui dimorare nelle cose. E questo lo tiene inevitabilmente lontano dalla profondità, che per lui è ormai un'ingiustificata perdita di tempo, un'inutile impasse che spezza la fluidità del movimento. Lo fa allegramente perché non è lì, nella profondità, che trova il senso: è nel disegno. E il disegno o è veloce, o non è nulla.

Vi ricordate la palla che gira velocemente tra i piedi non così raffinati dei profeti del calcio totale, sotto gli occhi di Baggio in panchina? E i vini "semplificati" che conservano qualcosa della profondità dei grandi vini ma si concedono a una velocità d'esperienza che permette di metterli in sequenza con altro? E ve li ricordate i libri, così lieti di rinunciare al privilegio dell'espressione per andarsi a cercare in superficie le correnti della comunicazione, del linguaggio comune a tutti, della grammatica universale fondata al cinema o alla tivù? Ci vedete la reiterazione di un unico preciso istinto? Lo vedete l'animale che corre, sempre nello stesso modo?

In generale, i barbari vanno dove trovano *sistemi passanti*. Nella loro ricerca di senso, di esperienza, vanno a cercarsi gesti in cui sia veloce entrare e facile uscire. Privilegiano quelli che invece di raccogliere il movimento, lo generano. Amano qualsiasi spazio che generi un'accelerazione. Non si muovono in direzione di una meta, perché la meta è il movimento. Le loro traiettorie nascono per caso e si spengono per stanchezza: non cercano l'esperienza, lo *sono*. Quando possono, i barbari costruiscono a loro immagine i sistemi in cui viaggiare: la rete, per esempio. Ma non gli sfugge che la gran parte del terreno percorribile è fatto da gesti che loro ereditano dal passato, e dalla loro natura: vecchi villaggi. Allora quel che fanno è modificarli fino a quando non diventano *sistemi passanti*: noi chiamiamo questo, *saccheggio*.

Sarà banale, ma spesso i bambini insegnano. Io penso di essere cresciuto nella costante intimità con uno scenario preciso: la noia. Non ero più sfigato di altri, era per tutti così. La noia era una componente naturale del tempo che passava. Era un habitat, previsto e apprezzato. Benjamin, ancora lui: *la noia è l'uccello incantato che cova l'uovo dell'esperienza.* Bello. E il mondo in cui siamo cresciuti la pensava proprio così. Adesso prendete un bambino di oggi e cercate la noia, nella sua vita. Misurate la velocità con cui la sensazione di noia scatta in lui, appena gli rallentate intorno il mondo. E soprattutto: capite quanto gli sia estranea l'ipotesi che la noia covi qualcosa di diverso da *una perdita di senso*, di intensità. Una rinuncia all'esperienza. Lo vedete il mutante in erba? Il pesciolino con le branchie? Nel suo piccolo è già come la bicicletta: se rallenta, cade. Ha bisogno di un movimento costante per avere l'impressione di fare esperienza. Nel modo più chiaro ve lo farà capire appena sarà in grado di esibirsi nel più spettacolare surfing inventato dalle nuove generazioni: il *multitasking*. Sapete cos'è? Il nome gliel'hanno dato gli americani: nella sua accezione più ampia definisce il fenomeno per cui vostro figlio, giocando al Game Boy, mangia la frittata, telefona alla nonna, segue un cartone alla televisione, accarezza il cane con un piede, e fischietta il motivetto di Vodafone. Qualche anno e si trasformerà in questo: fa i compiti mentre chatta al computer, sente l'iPod*, manda sms, cerca in Google l'indirizzo di una pizzeria e palleggia con una palletta di gomma. Le università americane sono piene di studiosi che stanno cercando di capire se sono dei geni o dei fessi che si stanno bruciando il cervello. Non sono ancora arrivati a una risposta precisa. Più semplicemente, voi direte: è una nevrosi. Può darsi, ma le degenerazioni di un principio svelano molto di quel principio: il *multitasking* incarna bene una certa idea, nascente, di esperienza. Abitare più zone possibili con un'attenzione abbastanza bassa è quello che evidentemente loro intendono per esperienza. Suona male, ma cercate di capire: non è un modo di svuotare tanti gesti che sarebbero importanti: è un modo di farne *uno solo*, molto importante. Per quanto possa sembrare clamoroso, non hanno l'istinto a isolare ciascuno di quei gesti per compierlo con più attenzione e in modo da cavarci il meglio. È un istinto che è loro estraneo. Dove ci sono gesti, vedono possibili sistemi passanti per costruire costellazioni di senso: e quindi esperienza. Pesci, se capite cosa voglio dire.

C'è un nome per un simile modo di stare al mondo? Giusto una parola da usare per capirsi? Non so. I nomi li danno i filosofi, non quelli che scrivono libri sui giornali. Per cui non ci provo neppure. Ma vorrei che, da questa pagina in poi, almeno tra noi ci capissimo: qualsiasi cosa percepiamo della mutazione in atto, dell'invasione barbarica, occorrerà guardarla dall'esatto punto in cui siamo adesso: e comprenderla come una conseguenza della trasformazione profonda che ha dettato *una nuova idea di esperienza*. Una nuova localizzazione del senso. Una nuova forma del percepire. Una nuova tecnica di sopravvivenza. Non vorrei esagerare, ma certo che mi verrebbe da dire: una nuova civiltà.

PERDERE L'ANIMA

Anima

Vi ricordate quando si andava in giro per villaggi saccheggiati? Adesso abbiamo capito che tutto ciò che registravamo come distruzione era in realtà una sorta di ristrutturazione mentale e architettonica: quando il barbaro arriva lì tende a ricostruire, col materiale che ha trovato, l'unico habitat che gli interessa: un *sistema passante*. In pratica svuota, alleggerisce, velocizza il gesto a cui si sta applicando, fino a quando non ottiene una struttura sufficientemente aperta da assicurare il transito di un qualche movimento. Adesso sappiamo perché lo fa: la sua idea di esperienza è una traiettoria che tiene insieme tessere differenti del reale.

Il movimento è il valore supremo. A quello, il barbaro è capace di sacrificare qualsiasi cosa. *Anche l'anima*. Questo davvero suona sconcertante. Lo registravamo a ogni villaggio: se c'era un luogo, lì, più alto, nobile, profondo, regolarmente i barbari finivano per svuotarlo. In questo istinto, la civiltà barbara, l'uomo di Google, il pesce, il mutante, sembrano davvero incomprensibili. Possibile che davvero vogliano una cosa del genere?

È possibile. Non solo: ma proprio lì sta il tratto potenzialmente più affascinante della mutazione. Sospetto perfino che sia, consciamente o meno, il suo obiettivo principale. Il barbaro non perde l'anima per caso, o per leggerezza, o per un errore di calcolo, o per semplice miseria intellettuale: è che sta cercando di farne a meno. Vogliamo parlarne?

È brutto a dirsi, ma non è un'idea così campata in aria. Quando in questo libro abbiamo usato l'espressione piuttosto generica di "perdere l'anima" a cosa pensavamo *veramente*? Forse avevamo in mente qualcosa che ci sembra fare corpo con l'essenza stessa dell'essere umani: l'idea che l'uomo abbia in sé una dimensione spirituale (non religiosa, *spirituale*) capace di elevarlo oltre la sua natura puramente animale. Ora ci si dovrebbe chiedere: ma questa idea, da dove viene? E soprattutto: c'è sempre stata, o siamo passati anche da fasi di civiltà che ne facevano a meno?

Faccio un esempio: l'*Iliade*. Siete disposti a mettere da parte luoghi comuni e slogan scolastici? Bene. Allora posso dirvi che nell'*Iliade*, quell'idea, ad esempio, quasi non c'è. Gli umani hanno una sola reale chance di diventare qualcosa di più che animali astuti: morire da eroi, e così essere consegnati alla memoria, diventare eterni, assurgere a miti. Per questo l'eroismo non è per loro *una* possibile destinazione del vivere, ma l'*unica*. Era la porta stretta attraverso cui potevano aspirare a una qualche dimensione *spirituale*. Non erano alieni dal desiderio di una certa spiritualità (l'elaborazione mitica del mondo degli dei lo dimostra): ma non avevano ancora inventato l'anima, per così dire. Se invece che da Faust, il demonio fosse andato da Achille, a proporre il fatale scambio, quello non avrebbe saputo cosa dargli. Non aveva nulla da dargli.

E Dante, ad esempio? C'è nella *Divina Commedia* l'idea che l'uomo abbia, in sé, le armi per trovare, in sé, il varco verso una qualche spiritualità, e un superamento della sua identità puramente animale? È difficile rispondere di sì. Qualsiasi latente spinta spirituale non è in realtà che il riflesso della luce divina, il riverbero di un progetto trascendentale in cui l'uomo va a perdersi. Per quanto *La Divina Commedia* risulti essere un meraviglioso repertorio di storie umane, nel suo complesso resta la descrizione di uno scenario in cui c'è solo un protagonista: e non è l'uomo. Ulisse c'è, ma è all'inferno.

Per lunghissimo tempo, in realtà, l'occidente ha subordinato la rivendicazione di una qualche spiritualità umana alla benevolenza di un'autorità divina. Il luogo dello spirito era il campo della religiosità. Abbiamo chiamato *Umanesimo* l'istante, lunghissimo, in cui, ereditando intuizioni che venivano da lontano, un'élite intellettuale iniziò a immaginare che l'uomo portasse dentro di sé un orizzonte spirituale non riconducibile, semplicemente, alla sua fede religiosa. Ma non fu un'acquisizione facile né scontata. Prima che diventasse realmente dominio collettivo, comune sentire, passarono altri secoli. La fatica con cui l'intellighenzia mise a fuoco gli strumenti per farla diventare reale, è nulla rispetto all'estraneità che per secoli la gente, la gente comune, dovette provare per una simile prospettiva. Non credo di dire una bestemmia se affermo che, per lunghissimo tempo, l'idea di una dimensione laicamente spirituale dell'umano, restò, in occidente, privilegio di una casta superiore, di ricchi e intellettuali: per gli altri, c'era la religione rivelata. Ma non era la stessa cosa. Non è la cosa a cui alludiamo quando diciamo "anima", e pensiamo al gesto dei barbari che la cancellano.

Ciò a cui pensiamo, quando diciamo anima, è qualcosa che in realtà è stato inventato abbastanza di recente. È un brevetto della borghesia ottocentesca. Furono loro a far diventare di dominio comune la certezza che l'umano avesse, in sé, il respiro di un riverbero spirituale, e custodisse, in sé, la lontananza di un orizzonte più alto e nobile. Dove lo custodiva? Nell'animo.

Ne avevano bisogno. Adesso occorre capire che *ne avevano bisogno*. Erano praticamente i primi, da secoli, che cercassero di possedere il mondo senza detenere un'aristocrazia di rango sancita in modo quasi trascendente, se non direttamente per decreto divino. Loro avevano astuzia, intraprendenza, denaro, volontà. Ma non erano *destinati* al dominio, e alla grandezza. Avevano bisogno di trovare quel destino in se stessi: di dimostrare che una certa quale grandezza la possedevano senza bisogno che nessun altro gliela concedesse, né uomini, né re, né Dio. Per questo accelerarono a dismisura quel cammino che veniva da lontano, su dai greci del V secolo, passando per Cartesio e per la rivoluzione scientifica: riuscirono in un tempo sorprendente ad allestire quella grandezza, perfino mettendo a fuoco gli strumenti, disponibili a tutti, per coltivarla e trovarla in sé. Il complesso di idee, mode, opere d'arte, nomi, miti ed eroi con cui fecero diventare questa ambizione un sentire collettivo, e addirittura comune, noi lo chiamiamo Romanticismo. Se volete capire cosa fu, un sistema buono è questo: era un mondo che poteva capire Faust. Era gente a cui il demonio poteva proporre di barattare l'anima con ogni sorta di delizia terrestre, e loro *avrebbero capito la domanda*: e avrebbero saputo, da sempre, che non c'era scelta, senza anima nessuna ricchezza terrestre era sicura, e legittimata. Non vorrei spararla troppo grossa: ma né Achille, né Dante avrebbero capito la domanda. L'oggetto del baratto faustiano, non esisteva.

Curioso: se a un barbaro chiedete che ne è dell'anima, lui non capisce la domanda.

C'è un modo per comprendere fino in fondo cos'è stata l'invenzione della spiritualità per la borghesia ottocentesca. Ed è ripercorrere la storia della musica classica. Non mi prenderà più di una puntata. È giusto un abbozzo. Ma vedrete che vi aiuterà a capire.

Musica classica

Non c'è nulla come la musica classica, per capire cosa avessero in testa i romantici. Ma come fanno a scuola a spiegare tutto senza neanche un'ora di Beethoven, o Schumann, o Wagner?

Si può partire da una domanda solo apparentemente scema: c'era, la musica classica, prima che inventassero l'idea di musica classica? Naturalmente sì. Non si chiamava così, non c'entrava niente col Romanticismo, non era pagata dai borghesi, era sentita da pochissimi, ma c'era. Una forma elitaria di intrattenimento, dai modi piuttosto sobri e intellettualistici. Spesso legata al piacere della danza, altre volte legata a testi poetici. C'era naturalmente un versante religioso: musica liturgica, o composizioni votate all'elevazione morale del credente: insomma il solito, massiccio, lavoro pubblicitario pagato dalla Chiesa per promuovere il suo prodotto (chissà quanto ci metteremo ancora ad ammettere che siamo debitori del meglio dell'arte occidentale alla geniale intuizione di una setta religiosa che inventò la pubblicità e vi investì quantità di denaro irragionevoli). Adesso noi leggiamo quel mondo con gli occhi del poi, ammaestrati da quel che successe dopo. Per cui, in generale, tendiamo ad attribuire a quella musica del Cinque-Seicento le stesse qualità che abbiamo imparato a riconoscere in un Beethoven, o in un Verdi. Ma in realtà è un effetto ottico. Là dove le attribuiamo una certa elevatezza spirituale, o addirittura una superiore espressione dell'animo umano, è probabile che gli ascoltatori del tempo registrassero giusto una certa eleganza, o un'intensità cui non sapevano dare nomi. Ma l'idea stessa che, per loro, quella forma di intrattenimento avesse a che fare con sentimenti e non con sensazioni, è quanto meno dubbia: per come l'abbiamo ereditata noi, la mappa del sentimentale era, ai tempi, una cosa ancora da inventare. Che ci fosse un umanesimo profondo, in una parte più colta dei compositori, è certo: ma ci si può domandare se, tolti i nomi che poi, retrospettivamente, abbiamo riconosciuto come grandi, il resto del consumo musicale non girasse, in realtà, a un numero di giri, spiritualmente, assai inferiore. Forse nel mirino avevano poco più di un sofisticato diletto.

A furia di dilettarsi, comunque, affinarono tecniche, strumenti e linguaggio. L'aristocrazia del primo Settecento ereditò così una forma di intrattenimento già matura, pronta per diventare l'espressione ufficiale del suo primato sociale, e del proprio lusso. Così la usò, massicciamente. Il pubblico restava quello selezionatissimo dei saloni di palazzo e dei teatri di corte, e i musicisti rimanevano degli impiegati, se non dei servi: figure comparabili a un giardiniere o a un cuoco. Ma senza dubbio iniziò ad affacciarsi l'ipotesi di una forza espressiva che sembrava perfino sprecata se l'unico obiettivo era fare da scenografia sonora alla noia dell'Ancien Régime*. Su per la dorsale Bach-Haydn-Mozart, crebbe un linguaggio che faceva quasi fatica a rimanere nel contorno dell'eleganza e del puro intrattenimento. Noi, oggi, sempre per via di quell'illusione ottica che ci dà il fatto di sapere come le cose andarono a finire, tendiamo in realtà a ingigantire quella forma di insofferenza, attribuendole ambizioni spirituali che forse non si sognò mai di avere. Se conosci la *Nona* di Beethoven, il *Don Giovanni* di Mozart ti sembrerà effettivamente carico di echi romantici. Ma nel 1787 lo spettatore reale del *Don Giovanni* non aveva mai sentito Beethoven, e neanche si sognava una cosa come Chopin: facile che il *Don Giovanni* gli sembrasse giusto bizzarro, bello da sentire e stop. Troppe note, ebbe a dire, pare, l'imperatore Giuseppe II*. Era un uomo del suo tempo.

In realtà, a voler essere cinicamente esatti, fu con Beethoven che nacque, davvero, l'idea di musica classica che noi abbiamo ereditato e che ancora usiamo. Nella sua musica davvero accadde che quel linguaggio raffinato lievitasse al punto da offrirsi come dimora di un riflesso alto, sentimentale, e perfino spirituale della sensibilità umana. La tensione, l'intensità, la spettacolarità che portava con sé, era quasi il fisico spalancamento di spazi che non aspettavano altro che il defluire di una spiritualità fino ad allora clandestina e nomade. Fu una mirabile coincidenza di eventi: nello stesso istante in cui la borghesia nascente intuiva la necessità di una propria elevazione ad aristocrazia del sentire, quella musica coniava esattamente la forma e il luogo in cui trovarla. Non a caso Beethoven fu praticamente il primo a comporre simultaneamente per l'aristocrazia settecentesca e per la ricca borghesia del primo Ottocento: stava in bilico su un confine, e aveva tutta l'aria di sancire il passaggio di testimone dal potere aristocratico a quello borghese. Il fatto che fosse apprezzato da entrambe dà un'idea della vertiginosa ricchezza di quel che fece: era una musica capace di emozionare due civiltà diverse e, in certo senso, antitetiche.

Il gesto strategicamente geniale dei romantici fu quello di adottarlo come padre fondatore di ciò che avevano in mente. È difficile dire se a lui sarebbe piaciuto, ma loro lo fecero, e in questo dimostrarono un'astuzia e un'intelligenza sbalorditive. Beethoven fu per loro il lasciapassare per una nuova civiltà. Era un maestro intoccabile, e sarebbe bastato dimostrare che, in realtà, stava dalla loro parte. Ci riuscirono. Non era nemmeno tanto difficile: in effetti quella musica sembrava generare e descrivere esattamente ciò che essi intuivano come il respiro spirituale dell'uomo romantico. Nel modo più alto, quasi riassuntivo, sembrava farlo in un'opera particolare: la *Nona* sinfonia. Ancora ai tempi di Wagner era adottata come totem supremo, luogo dell'origine e legittimazione fondante di tutto ciò cui la musica del tempo aspirava. E in effetti, se ci pensate, quella sinfonia sembrava davvero disegnare, fisicamente, la silhouette della spiritualità romantica. La sua lunghezza esagerata alludeva nel modo più chiaro a un'espansione dell'orizzonte umano. La sua difficoltà (alla prima esecuzione, metà del teatro se ne andò prima della fine, esausta) già preconizzava l'idea, molto borghese, che la crescita spirituale dell'individuo passava attraverso un selettivo cammino di fatica e di studio. E poi c'era la prodezza finale: quell'*Inno alla Gioia*. Messo lì, nell'ultimo movimento, dopo tre movimenti strumentali, a introdurre, a sorpresa, la voce umana e un testo poetico (guarda caso Schiller, uno dei padri nobili del Romanticismo). Se ci pensate, era una struttura accecante, nella sua esattezza: nei primi tre movimenti c'erano tutte le conquiste linguistiche beethoveniane, e dimorava, quasi come in un dépliant promozionale, tutta la gamma delle possibilità spirituali dell'uomo borghese. Nell'ultimo l'uso spettacolare delle voci e del coro, strumento che era privilegio della musica sacra, gettava il linguaggio terreno della musica oltre se stesso; simultaneamente il testo di Schiller convocava esplicitamente Dio al cospetto della spiritualità dell'uomo. Lo vedete il gesto acrobatico che avrebbe consegnato ai romantici quello che davvero cercavano? Quella musica riconosceva a quel cammino spirituale la meta più alta, Dio. Addirittura deduceva l'orizzonte religioso dai materiali della spiritualità laica dell'uomo: lo poneva come ultimo scalino di un'ascesa tutta umana. Fantastico, non vi pare?

La *Nona* non era musica romantica: ma fondava il campo da gioco della musica romantica. Inventava e sanciva per sempre l'esistenza di uno spazio intermedio tra l'animale uomo e la divinità, tra la materiale eleganza dell'umano e il trascendente infinito del sentimento religioso. Lì, precisamente lì, l'uomo borghese avrebbe collocato se stesso. Quando noi, eredi del Romanticismo, usiamo generiche espressioni come anima o spiritualità, indichiamo quello spazio. Quella terra intermedia.

La musica classica è stata per secoli uno dei modi più precisi per abitare quella terra. Per rigenerarla ogni volta, in sé, contro la miseria della vita quotidiana. Ancora fino agli anni Settanta del Novecento è stata, per la borghesia dell'occidente, un rito ideale per confermarsi nella propria nobiltà spirituale. E anche quando era ormai, in realtà, puro diletto raffinato, era vissuto come gesto spirituale, a priori. È questa concessione che, per lungo tempo, le ha permesso di offrirsi ancora come efficace coagulante dell'identità borghese. C'è un momento esatto in cui ha iniziato ad andare in crisi: quando si sono fatti vivi i primi barbari.

Quello della musica classica è senz'altro uno dei villaggi usciti peggio dall'invasione barbarica. Il suo evidente rifarsi a una civiltà del passato (addirittura maniacale nella fissazione su un repertorio fatalmente circoscritto) l'ha lasciato praticamente senza difese. I barbari, come abbiamo visto, non hanno l'istinto a distruggere e basta: quel che subito cercano di fare è convertire quanto trovano in sistema passante. Ma la musica classica offre a una simile metamorfosi una resistenza che altri gesti non sfoggiano. Più che distruggere, allora, se ne sono semplicemente andati. Non se ne cava niente, devono aver pensato. Quel che non ci deve sfuggire, è che, nella loro logica, è un gesto sensato. Proprio perché così saldamente collegata a un'idea di spiritualità borghese, quella musica ha poco da offrire ai barbari. Se tu cerchi di vivere senza anima, che te ne fai di Schubert?

Mi impressionano un po' queste ricostruzioni in poche righe di secoli di storia, ma dev'essere un tratto barbaro che già si è impossessato di me. Surfing. È tutta colpa di queste branchie che mi sono spuntate. Comunque il senso dell'operazione era farvi vedere da vicino cosa intendiamo con espressioni come "anima" o "spiritualità". Volevo portarvi a pensare che non sono tratti costitutivi dello stare in terra, ma derivano da un processo storico che ha avuto un suo inizio e probabilmente avrà una sua fine. È altrettanto importante capire che noi usiamo quelle categorie nella formulazione che ne ha dato un preciso gruppo sociale in un preciso momento storico. Fa perfino sorridere dirlo, ma non abbiamo ancora cessato di usare parole d'ordine romantiche. E la resistenza che facciamo all'invasione barbarica spesso si riduce a un'inconsapevole difesa di princìpi romantici coniati secoli fa. Di per sé non ci sarebbe niente di male: i princìpi possono restare validi per millenni, non sono surgelati che scadono. Ma è anche vero che uno sguardo sugli uomini che generarono simili princìpi aiuta a riflettere. Anzi, posso farveli vedere? Ne ho convocato uno, emblematico, qui. Comprate il giornale, domani, e in questa pagina ve lo faccio conoscere.

Monsieur Bertin

Eccolo qui. Monsieur Bertin. Anno 1833. Oggi si direbbe: era un boss dei media. Padrone del *Journal des Débats*, voce della borghesia affaristica francese. Uomo affermato, famoso, potente. La borghesia ottocentesca nell'epoca del suo trionfo. Lo so che, a una prima occhiata, noterete soprattutto quelle mani ad artiglio, e la mole soddisfatta, e lo sguardo apparentemente cinico, sordamente cattivo. Ma le cose non stanno esattamente così. Ingres* (il formidabile autore del quadro) studiò a lungo in che posa ritrarlo, e stava quasi per arrendersi quando un giorno lo vide mentre, seduto in poltrona, partecipava a una discussione. Eccolo lì, pensò. E in effetti se voi adesso riguardate il ritratto e lo collocate in quella discussione, ecco che capite meglio. Lo sguardo è quello di uno che ascolta attentamente e nello stesso tempo ha già in mente cosa obiettare, e sta proprio per farlo, quasi sui blocchi di partenza per scattare con la velocità della sua intelligenza, le mani un po' nervose che aspettano l'istante per rimettersi in movimento, la schiena lontana dallo schienale, pronta a proiettare il corpo nel cuore dello scontro dialettico. Sembrava un bolso riccone, ed è invece un lottatore, destinato a vincere. E la luce? Tre macchie chiare, la testa e le due mani: il pensiero e l'azione: si può essere più sintetici di così? I vestiti eleganti e l'orologio d'oro certificano una ricchezza che la mole del corpo conferma, strabordando con arrogante ineleganza dal panciotto e dai pantaloni. Ricchi senza vergogna di esserlo. E il viso, che se gli tirate una riga verticale dalla fronte al mento, a destra vi guarda in cagnesco e a sinistra vi sorride, il labbro all'insù, il sopracciglio inarcato? E i capelli, infine, mal pettinati, come di chi non avesse tempo per simili smancerie da aristocratico, sicuri di sé e del proprio disordine: c'è da chiedersi se sarebbero stati così se la criniera leonina di Beethoven non avesse sdoganato per sempre la trasandatezza sprezzante di chi aveva fatto fuori le parrucche (e qui ha il suo momento di importanza il famoso frac verde, ve lo ricordate? Era importante anche il look, oh com'era importante).

Eccolo lì. L'uomo borghese per cui furono perfezionate le idee di anima e di spiritualità romantica, quelle che noi ancora oggi difendiamo. Non le sfoggia apertamente perché non ne ha più bisogno: ha vinto ormai, e può farsi ritrarre senza armi. Ma solo una ventina d'anni prima l'avreste visto molto più preoccupato dei suoi mezzi, e bisognoso di spiegarsi, e timoroso nel rinunciare al pettine. Lo volete vedere? Domani, sempre su questa pagina, sempre ritratto dalla mano formidabile di Ingres.

Monsieur Rivière

Eccolo qui. Monsieur Rivière. Anno 1805. Era un funzionario dell'amministrazione pubblica. Il pittore è sempre Ingres: ma ai suoi esordi, ancora prudente e sobriamente didattico. Il ritratto della borghesia al suo debutto. Monsieur Bertin quando ancora doveva vincere. Quindi la luce è più distesa, perché deve illuminare tutto, e spiegare bene. C'è già l'orologio (e in più un anello prezioso) a certificare una certa sicura ricchezza. Ma il corpo è tirato, a mostrare l'animale che ancora deve sostenere la lotta. E i vestiti (eleganti, cari) non sono l'arrogante cornice a uno strabordante benessere, ma il diligente adempimento all'imperativo della classe.

Il volto sorride, sicuro, nascondendo qualsiasi retropensiero: non cerca altro che ispirare fiducia. La posa è classica, riposata, aristocratica: il tre quarti d'ordinanza. I capelli, pettinati: non c'era ancora stato Beethoven a sdoganare l'addio al pettine, e il taglio astutamente rinvia, insieme a quella mano nascosta e al mobilio, al modello napoleonico: bene o male, un precedente clamoroso per l'aspirazione borghese al dominio. Così immortalato, monsieur Rivière sembra avere tutte le carte in regola per partire alla conquista del mondo. Ma non ci sono stemmi araldici, intorno a lui, né simboli aulici: era il suo tallone d'Achille. Non era nessuno. E allora, ecco la necessità di esibire le sue armi. Se stesso, il suo mobilio, il suo orologio, certo: ma anche qualcosa di più: la sua nobiltà intellettuale, la sua superiorità spirituale. E così, li vedete spuntare, sullo scrittoio, al suo fianco, i certificati della sua aristocrazia d'animo: dei libri, Rousseau, una partitura, Mozart, e un quadro, Raffaello. Solo trent'anni dopo, monsieur Bertin potrà anche lasciarli nel cassetto, forse perfino ignorarli. Ma nel 1805, no. Erano tutt'uno con il corpo del borghese, erano i suoi quarti di nobiltà, erano l'aristocrazia del suo sangue.

Tutto questo per aiutarvi a capire che *ne avevano bisogno*. Quella certa idea di anima e di spiritualità è stata, in un certo contesto storico, una necessità. Noi l'abbiamo ereditata, e oggi la domanda che dovremmo porci è: abbiamo ereditato anche quella necessità? O ce la siamo immaginata? Non so se avete una risposta, e invero non so nemmeno se ce l'ho io. Ma una cosa so: i barbari, loro, ce l'hanno.

Noi dunque la chiamiamo ancora anima, o la inseguiamo girando attorno al termine spiritualità, e quel che vogliamo tramandare è l'idea che l'uomo sia capace di una tensione che lo spinge al di là della superficie del mondo e di se stesso, in un terreno in cui non è ancora dispiegata la totale potenza divina, ma semplicemente respira il senso profondo e laico delle cose, con la naturalezza per cui cantano gli uccelli o scorrono i fiumi, secondo un disegno che forse proviene davvero da una bontà superiore, ma più probabilmente sgorga dalla grandezza dell'animo umano, che con pazienza, fatica, intelligenza e gusto assolve per così dire al compito nobile di una prima creazione, che rimarrà l'unica, per i laici, e sarà invece grembo dell'incontro finale con la rivelazione, per i religiosi. Qui potete respirare. Magari rileggete la frase, poi respirate ancora. Stavamo cercando di capire come tutto ciò sia figlio di monsieur Bertin. È il paesaggio che la borghesia ottocentesca aveva scelto per sé, intuendo che in un campo del genere non avrebbe potuto perdere. Noi lo abbiamo ereditato con una così sconfinata adesione mentale da scambiarlo per uno scenario perenne, eterno, e intoccabile. Facciamo fatica a immaginare che l'uomo possa essere qualcosa di degno al di fuori di quello schema. Ma ciò che ci accade intorno, in questi tempi, ci costringe a rimettere in movimento le nostre certezze. Se la smettete per un attimo di considerare i barbari una degenerazione patologica che porterà allo svuotamento del mondo, e provate a immaginare che il loro sia un modo di tornare a essere vivi, scappando dalla morte, allora la domanda che vi dovete porre è: cos'è mai questa strada inedita che cerca il senso della vita attraverso l'eliminazione dell'anima? E ancor prima: cosa c'è, nell'anima, che li spaventa, che li respinge, come se fosse un luogo di morte invece che di vita?

Io ho in mente due risposte possibili: non spiegano sicuramente l'intera faccenda, ma le annoto qui perché possano aiutarvi a pensare che risposte possibili ci sono: esistono pensieri, o anche solo presentimenti, che possono portare all'illogica convinzione che dell'anima ci si debba sbarazzare al più presto.

La prima ha a che vedere con il piacere. E con la verità. Terreno minato. Ma proviamoci. Nel paesaggio di monsieur Bertin c'era una categoria che la faceva da padrona: la fatica. Lo dico nel modo più semplice: l'accesso al senso profondo delle cose prevedeva una fatica: tempo, erudizione, pazienza, applicazione, volontà. Si trattava, letteralmente, di andare in profondità, scavando la superficie petrosa del mondo. Nella penombra profumata dei propri studioli, la borghesia proprietaria replicava, senza sporcarsi le mani, quello che ai suoi tempi era il lavoro faticoso per eccellenza: quello del minatore. Scusate se uso ancora la musica classica, ma aiuta a capire: pensate come, in quella musica, il fatto che essa sia, in qualche modo, *difficile* è la garanzia del suo essere viatico per qualche posto nobile, elevato. Vi ricordate la *Nona*, vero confine di ingresso alla civiltà di monsieur Bertin? Be', quando la ascoltarono, i critici, per la prima volta, dico la prima, iniziarono a dire che forse, per capirla bene, si sarebbe dovuto risentirla. Adesso ci sembra normale, ma per i tempi era una bizzarria assoluta. A un ascoltatore di Vivaldi l'idea di risentire *Le quattro stagioni* per capirle doveva sembrare come la pretesa di rivedere dei fuochi d'artificio per capire se erano stati belli. Ma la *Nona* pretendeva questo: il gesto della mente che ritorna sul suo oggetto di studio e fatica, e accumula nozioni, e scende in profondità, e alla fine comprende. Ancora l'altro ieri, i nostri nonni faticavano dietro a Wagner, tornando ad ascoltarlo per innumerevoli volte, fino a quando non riuscivano a stare svegli fino alla fine, e a capire: e quindi, finalmente, a godere. Bisogna comprendere che questo genere di tour de force piaceva a monsieur Bertin, gli era assolutamente congeniale, e questo è facilmente spiegabile: la volontà e l'applicazione erano proprio le sue armi migliori, e, se vogliamo, erano ciò che faceva difetto a un'aristocrazia rammollita e stanca: se accedere al senso più nobile delle cose era una faccenda di determinazione, allora accedere al senso delle cose diventava quasi un privilegio riservato alla borghesia. Perfetto.

L'applicazione su larga scala – e in certo modo la degenerazione – di questo principio (la fatica come lasciapassare per il senso più alto delle cose), ha prodotto il paesaggio in cui ci troviamo oggi. La mappa che noi tramandiamo dei luoghi in cui è depositato il senso, è una collezione di giacimenti sotterranei raggiungibili solo con chilometri di cunicoli faticosi e selettivi. Il semplice gesto originario del fermarsi a studiare con attenzione, si è ormai affinato a vera e propria disciplina, impervia e articolatissima. Nel 1824 potevi ancora pensare che per capire la *Nona* dovessi sentirla un'altra volta. Ma oggi? Avete in mente le ore di studio e di ascolto necessarie per creare quello che Adorno chiamava un "ascoltatore avveduto", cioè l'unico in grado di apprezzare veramente il capolavoro? E avete in mente con quanta costanza si sia demonizzato qualsiasi altro modo di accostarsi al sommo capolavoro, magari cercandovi con semplicità il crepitio di una vita immediatamente percepibile, e dimenticando il resto? Come insegna la musica classica, senza fatica non c'è premio, e senza profondità non c'è anima.

Andrebbe anche bene così, ma il fatto è che ormai la sproporzione fra il livello di profondità da attingere e la quantità di senso raggiungibile è diventata clamorosamente assurda. Se vogliamo, la mutazione barbara scocca nell'istante di lucidità in cui qualcuno si è accorto di questo: se effettivamente scelgo di dedicare tutto il tempo necessario a scendere fino al cuore della *Nona*, è difficile che mi resti del tempo per qualsiasi altra cosa: e, per quanto la *Nona* sia un giacimento immenso di senso, da sola non ne produce la quantità sufficiente alla sopravvivenza dell'individuo. È il paradosso che possiamo incontrare in molti studi accademici: il massimo della concentrazione su uno spigolo del mondo ottiene di chiarirlo, ma ritagliandolo via da tutto il resto: in definitiva, un risultato mediocre (che te ne fai di aver capito la *Nona*, se non vai al cinema e non sai cosa sono i videogames?). È il paradosso che denunciano gli sguardi smarriti dei ragazzi, a scuola: hanno bisogno di senso, di semplice senso della vita, e sono anche disposti ad ammettere che Dante, per dire, glielo fornirebbe: ma se il cammino da fare è così lungo, e così faticoso, e così poco congeniale alle loro abilità, chi gli assicura che non moriranno per strada, senza mai arrivare alla meta, vittime di una presunzione che è nostra, non loro? Perché non dovrebbero cercarsi un sistema per trovare l'ossigeno prima e in modo a loro più congeniale?

Guardate, non è un problema di fatica, di paura della fatica, di rammollimento. Ve lo ripeto: per monsieur Bertin quella fatica era un piacere. Aveva bisogno di sentirsi stanco, quel tour de force lo rendeva grande, e sicuro di sé. Ma chi ha detto che debba essere lo stesso per noi? E poi, sentire la *Nona* un paio di volte o Wagner una dozzina, è una cosa: leggere Adorno per andare al concerto, un'altra. Quella fatica è diventata un totem e una micidiale forca caudina da cui è necessario passare. Ma perché? Non va smarrita, in questa liturgia borghese, la semplice intuizione originaria per cui l'accesso al cuore delle cose era una questione di piacere, di intensità di vita, di emozione? Non sarebbe lecito pretendere che fosse di nuovo così? Non sarebbe giusto rivendicare un tipo di fatica che fosse dilettevole, per noi, come quella fatica era dilettevole per monsieur Bertin?

Così i barbari si sono inventati l'uomo orizzontale. Gli dev'essere venuta in mente un'idea del genere: ma se io impiegassi tutto quel tempo, quell'intelligenza, quell'applicazione a viaggiare in superficie, sulla pelle del mondo, invece di dannarmi a scendere in profondità? Non sarà che il senso custodito dalla *Nona* non diventerebbe visibile nel lasciarlo libero di vagare nel sistema sanguigno del sapere? Non è possibile che quanto di vivo c'è là dentro sia ciò che è in grado di viaggiare orizzontalmente, in superficie, e non ciò che, immobile, giace in profondità? Avevano davanti il modello del borghese colto, chino sul libro, nella penombra di un salotto con le finestre chiuse, e le pareti imbottite: l'hanno sostituito, istintivamente, con il surfer. Una specie di sensore che insegue il senso là dove è vivo in superficie, e lo segue ovunque nella geografia dell'esistente, temendo la profondità come un crepaccio che non porterebbe a nulla se non all'annientamento del moto, e quindi della vita. Pensate che non sia faticosa una cosa del genere? Certo che lo è, ma di una fatica per cui i barbari sono costruiti: è un piacere, per loro. È una fatica facile. È la fatica in cui si sentono grandi, e sicuri di sé. Mister Bertin.

L'idea del surfer. Sapete una cosa? Bisognerebbe arrivare a pensare che non è un modo di eliminare la tensione spirituale dell'uomo, e di annientarne l'anima. È un modo di superare l'accezione borghese, ottocentesca e romantica di quell'idea. Il barbaro cerca l'intensità del mondo, così come la inseguiva Beethoven. Ma ha strade sue, per molti di noi imperscrutabili o scandalose.

Sono riuscito a spiegarmi? Volendo, c'è una buona ragione per far fuori l'anima, o almeno quell'anima che noi ancora coltiviamo. Non è un pensiero impossibile, questo vorrei che capiste. E questo è il motivo per cui, nella prossima puntata, proverò ad abbozzare un'altra buona ragione per far fuori monsieur Bertin. Ha a che vedere con la sofferenza, e con la guerra.

Guerra

Ancora una annotazione – l'ultima, giuro – su questa storia dell'anima, della spiritualità borghese, del rito della profondità. Quando penso a cosa può indurre i barbari a smantellare tutto ciò, non riesco a evitare di pensare che c'entri anche – non solo, ma anche – la memoria di quel che è successo nel secolo scorso. Quasi la sedimentazione di una sofferenza immane, generata da due guerre mondiali e una guerra fredda in bilico sull'olocausto nucleare. Come se si fossero passati di padre in figlio lo shock di quel lungo terrore, e si fossero giurati che quella cosa lì, in quel modo, non sarebbe più successa. Non la scambierei per una nuova vocazione alla pace, non spererei tanto: ma credo, per quanto sia sgradevole a dirsi, che quel lungo respiro di sofferenza abbia suggerito, inconsapevolmente, un sospetto radicato per il tipo di cultura che ha generato tutto quello, o quanto meno l'ha permesso. Si devono essere chiesti, nella maniera più semplice, e in qualche recesso nascondibile della loro mente: non sarà che proprio quella idea di spiritualità, e di culto della profondità, è alla radice di quel disastro?

Domande del genere sono difficili da digerire: uno si immagina l'aria strafottente con cui l'ultimo arrivato, a digiuno di qualsiasi riflessione, bello fiero del proprio rudimentale equipaggiamento mentale, scarica sul meglio dell'intelligenza ottonovecentesca la responsabilità di un disastro. Quando noi sappiamo che proprio un simile abbassamento della soglia di riflessione permise alle masse di scambiare un apparente buon senso per rivoluzionaria intelligenza, offrendo i propri cervelli a riposo al servizio di visioni deliranti. Ma ciò nondimeno, quella domanda registra un dubbio che in modo sotterraneo dev'essere maturato nel tempo fino a diventare tacito luogo comune: essa punta il dito su quella sconcertante continuità tra il sistema di monsieur Bertin e l'orrore che, cronologicamente, ne seguì: e si chiede se sia stata solo una coincidenza.

Mi piacerebbe dedicare qualche pagina alle risposte che sono state date a un simile sospetto, ma non è questo il libro giusto. Qui, quello che conta, è capire che, qualsiasi sia la risposta, quella domanda è legittima, e tutt'altro che campata in aria. Pensate anche solo a questo: è logico immaginare che quella pretesa di spiritualità, di nobiltà d'animo e di pensiero, rappresentasse per molti borghesi un traguardo tanto necessario quanto impervio; ed è logico pensare che molta di quella tensione spirituale, cercata invano da tanti individui in se stessi, sia defluita nella più agevole prospettiva di una spiritualità collettiva, generale: l'idea, alta, di nazione, se non addirittura di razza. Ciò che non era immediatamente rinvenibile nella pochezza dell'individuo, risultava evidente nel destino di un popolo, nelle sue radici mitiche, e nelle sue aspirazioni. Il fatto che una simile accumulazione di senso si sia concentrata maniacalmente su un ideale circoscritto e in fondo acerbo, quello della identità nazionale, può aiutare a capire come in un tempo relativamente breve la difesa di quel perimetro mentale e sentimentale sia diventata questione di vita o di morte. Una volta intrapresa una via quasi darwiniana in cui l'elemento spiritualmente più nobile maturava il diritto al dominio, non era poi semplice fermarsi alla distanza giusta dal disastro. La stessa cultura borghese, del resto, non sembrava avere in sé gli antidoti a una simile escalation. Al macello delle due guerre mondiali arrivarono, da protagoniste, culture come quella tedesca, francese, inglese, cioè esattamente quelle che avevano coniato la civiltà della profondità e della spiritualità laica: anche senza voler loro attribuire precise responsabilità, non è da deficienti notare una continuità sconcertante. Uno si può anche dimenticare di cos'era l'entourage di Cosima Wagner*, ma non può non notare, almeno, come tanta intelligenza somma e applicazione sublime non abbiano reso più complicato concepire e realizzare un'idea come quella di Auschwitz.

Che ci fosse un tallone d'Achille, nel sistema di monsieur Bertin, e che coincidesse proprio con la sua mancanza di antidoti, e quindi con la sua potenziale identità di veleno non arginabile, letale, era una cosa peraltro che non era sfuggita ai più avveduti. Un modo di capire le avanguardie è capire come, sulla soglia del disastro, quegli uomini abbiano tentato l'acrobazia somma: immettere degli antidoti nel sangue della civiltà borghese e romantica. In genere non avevano tanto in mente di smantellarla: quanto di usarne i princìpi fondanti per creare un contromovimento che la salvasse dall'autodistruzione. In un certo senso sono state l'ultimo tentativo tecnicamente sofisticato di salvare l'anima riportandola a una possibile innocenza. Adesso noi sappiamo che fu un tentativo tanto raffinato quanto fallito. Quel che non successe fu che la gente – sì, la gente – adottasse quelle voci come la propria voce. Le avanguardie pronunciavano le frasi di cui tutti avrebbero avuto bisogno, ma lo facevano in una lingua che non diventò la lingua del mondo. Oggi si contano sulle dita di una mano le opere che, nate in seno alle avanguardie, sono diventate icone collettive. Non c'è una sola composizione di Schönberg* che sia arrivata a tanto. E cito il più grande, in termini musicali. Questo non deve suonare come giudizio di valore: il valore di quelle parabole artistiche non è una cosa da discutere qui: volevo solo spiegare che se c'è stato qualcuno che provò a invertire quella strana continuità tra cultura borghese e disastro novecentesco, non lo fece però nei modi che avrebbero consentito alla gente di accodarsi a un simile contromovimento. Messaggi in bottiglia erano, e tali rimasero. I tanti monsieur Bertin che si sarebbero volentieri sottratti al disastro rimasero di fatto orfani di una qualsiasi bandiera.

I barbari non tengono in gran conto la storia. Ma certo la mossa istintiva con cui rifuggono dal potere salvifico dell'anima ha molto l'aspetto del bambino che evita il tubo di scappamento su cui si è bruciato. È qualcosa di meno di un ragionamento: è una mossa nervosa, animale. Cercano un contesto (una cultura) in cui un secolo come il Novecento ritorni a essere assurdo, come avrebbe dovuto apparire anche a quelli che lo fabbricarono. E se pensate al surfing mentale, all'uomo orizzontale, al senso disperso in superficie, all'allergia per la profondità, allora qualcosa potete intuire dell'animale che va a cercarsi un habitat che lo tenga al riparo dal disastro dei padri. Il tempo corto che i barbari riservano ai pensieri non sembra un sistema per vietarsi idee che possano generare idolatrie? E quel modo di cercare la verità delle cose nella rete che intrattengono in superficie con altre cose, non sembra un'infantile ma precisa strategia per evitare di affossarsi in una verità assoluta e fatalmente di parte? E la paura per la profondità non è forse, anche, un riflesso condizionato dell'animale che ha imparato a sospettare di ciò che ha radici troppo profonde, tanto profonde da avvicinarsi al pericoloso statuto del mito? E il continuo svilimento della riflessione, che va a cercarsi forme volgari o commistioni impensabili, non sembra figlio dell'istinto a portarsi dietro, sempre, un antidoto alle proprie idee, prima che sia troppo tardi? Se ci pensate, sono tutte mosse che potete trovare, pari pari, nei gesti di insofferenza delle avanguardie: solo che qui sono ottenute con un movimento naturale, non con un doppio carpiato dell'intelligenza. (Sarò pazzo, ma ogni tanto penso che la barbarie sia una sorta di enorme avanguardia diventata senso comune. Il sogno di Schönberg, che per strada il postino fischiettasse musica dodecafonica, si è avverato in un modo perverso: il postino c'è, non è nazista, fischietta, solo che la musica è quella di Vodafone. Lì resta ancora qualcosa da capire...) Comunque: hanno paura di pensare serio, di pensare profondo, di pensare il sacro: la memoria analfabeta di una sofferenza patita senza eroismi deve crepitare, da qualche parte, in loro. Non è una memoria da rispettare? O almeno: da capire?

Era giusto per mettervi la pulce nell'orecchio. Era una specie di training per abituarvi a pensare come possa essere logica e ragionevole, contro ogni logica e ragionevolezza, l'idea di smantellare l'anima. Di andarsela a cercare altrove. Drasticamente altrove. Se non si fa un passo del genere, i barbari restano un'entità incomprensibile. E di ciò che non si capisce, si ha paura.

Ecco una cosa inutile, a proposito dei barbari: averne paura.

Dato che mi son scelto il compito di provare a disegnarli, come un naturalista d'altri tempi, avevo bisogno solo di adottare, insieme a voi, le lenti giuste per vederli. Adesso che l'ho fatto posso portarvi nell'ultima parte di questo libro. Una serie di abbozzi: disegnini dei barbari. Ho in mente di tornare indietro a rivedere certe loro apparenti aberrazioni e riconoscervi il profilo di una figura, alla luce delle cose scoperte fin qua. Proviamo.

RITRATTI

Spettacolarità

Delizioso, quando si scollina e, in un libro, intravedi la discesa. Per chi scrive e per chi legge.

Non so se vi ho convinti, ma volevo spiegarvi che i barbari hanno una logica. Non sono una cellula impazzita. Sono un animale che vuole sopravvivere, e ha le sue idee su quale sia l'habitat migliore per riuscirci. Il punto esatto in cui scatta la loro differenza è la valutazione di cosa possa significare, oggi, *fare esperienza*. Si potrebbe dire: *incontrare il senso*. È lì che loro non si riconoscono più nel galateo della civiltà che li aspetta: e che, ai loro occhi, riserva solo cervellotiche non-esperienze. E vuoti di senso. È lì che scatta questa loro idea di uomo orizzontale, di senso distribuito in superficie, di surfing dell'esperienza, di rete di sistemi passanti: l'idea che l'intensità del mondo non si dia nel sottosuolo delle cose, ma nel bagliore di una sequenza disegnata in velocità sulla superficie dell'esistente. Non saprei valutare se sia una buona idea o no, e forse non è nemmeno quello che voglio fare in questo momento: adesso mi interessa invece ricordare come tutti i tratti disturbanti e scandalosi che noi riconosciamo nello stile barbaro si motivino *alla luce* di quella prima mossa. Poi magari restano scelte che non condividiamo, ma è importante capire che sono sezioni di un paesaggio coerente, e fondato. Mi rendo conto che è dalle prime pagine di questo libro che vi sfinisco con questa storia della coerenza barbara, e che non sono una malattia senza spiegazioni, e che l'animale è uno, è inutile che stiate a giudicare solo la zampa sinistra, ecc., ecc.: ma, guardate, è l'unica possibilità di riscattare il fastidio e l'orrore per i barbari dalla inutilità dello sfogo da bar, e dalla vergogna dell'ironia intellettuale. Così, quel che farò in questa benedetta discesa, è annotare tutta una serie di sintomi di barbarie e ricollocarli nel paesaggio che è il loro. Come si diceva puntate fa: attaccare le zampe al corpo, e l'urlo all'animale, e quella corsa a un'unica fame intelligente. Non la farò lunga. Sono quasi solo degli *inizi di pensieri*. Ma mi interessava dettarvi il gesto. Poi continuate un po' voi, se vi piace. Pronti? Allora vado, in ordine sparso. Quel che viene, viene.

1. *Spettacolarità*

Dico spettacolarità, ma è per usare un eufemismo. In realtà parlo di tutta un'area di cose fastidiose che ruota intorno a espressioni come *seduzione, virtuosismo, doping,* e ad aggettivi tipo *facile, piacione, ruffiano*. Che siano vini, modi di giocare a calcio, libri, o palazzi, cercate i commenti della civiltà alle invasioni barbariche e ci troverete spesso almeno una di quelle espressioni. Il disagio è autentico, e testimonia di una civiltà in cui, evidentemente, si era stabilita un'idea abbastanza precisa dell'equilibrio che ci deve essere, in qualsiasi artefatto, tra forza della sostanza e tratto seduttivo di superficie. Se volete, il termine totemico di kitsch definisce abbastanza bene il confine di quell'equilibrio: quando il tratto seduttivo straborda oltre il lecito o, peggio, si esibisce in assenza di qualsiasi sostanza degna di nota, scatta il kitsch. Tutto molto logico.

Aggiungo una sfumatura che a me sembra fondamentale. Dovete ricordarvi di monsieur Bertin e di uno dei suoi ideali: la fatica. Ciò che spesso dà fastidio, nella spettacolarità, è il suo nesso con la facilità, e quindi con l'attenuarsi della fatica. È un fenomeno registrato dallo smottamento lessicale che spesso ci porta, con automatismo incauto, dalla parola *spettacolare*, o *dopato*, a parole come *piacione* o *ruffiano*. In realtà le cose non sono così semplici.

Pensate a questo esempio: cosa c'è di più spettacolare e dopato della prosa di Gadda? Poco, in letteratura. E allora come mai, d'incanto, quelle espressioni ci sembrano, nel suo caso, tutt'altro che negative? Una delle risposte possibili è: perché quella spettacolarità, e quell'uso dopato del linguaggio creano difficoltà, non facilità: moltiplicano la fatica e attraverso di essa conducono nel sottosuolo. In un certo senso sono il meglio che la civiltà sia portata a desiderare: tutto il piacere della spettacolarità, del virtuosismo, della seduzione, legittimato da una grande fatica, e da un riconoscibile viaggio in profondità.

Ma la spettacolarità dei barbari non produce fatica. La spettacolarità, in quello che fanno, appare giusto come una scorciatoia, una facilitazione, una droga. In più, spesso, sembra effettivamente avvitata su una sostanza appena appena percepibile, comunque friabile, proveniente da modelli forniti proprio dalla civiltà, rimasticati ed erosi. Mettete le due cose insieme e avrete un'idea dello sdegno che prova l'uomo civilizzato quando si trova di fronte al barbaro.

Dal suo punto di vista, è indubbio, ha ragione da vendere.

Ma il punto di vista del barbaro, qual è?

Intanto, lui, della fatica, se ne frega. Non perché è scemo (non sempre, là), ma perché per lui, come abbiamo visto, non è un valore. O meglio: non essendo più un piacere, com'era per monsieur Bertin, non è un valore. Con una pervicacia che ha dell'ammirevole, il barbaro ha smesso di pensare che la via per il senso passi per la fatica, e che il sangue del mondo scorra in profondità dove solo un duro lavoro di scavo può raggiungerlo. A molti di noi continua a sembrare una posizione rischiosissima, ma sta di fatto che è così. Dunque il barbaro fa saltare uno dei criteri per avere in sospetto la spettacolarità. Il bello è come disintegra l'altro.

Se, di fatto, voi credete che il senso si dia in forma di sequenza e con l'aspetto di una traiettoria tracciata attraverso punti differenti, allora ciò che vi sta veramente a cuore è il movimento: la possibilità reale di spostarvi da un punto all'altro nel tempo sufficiente a non far svanire la figura complessiva. Ora: da cosa è generato quel movimento, cosa lo mantiene vivo? La vostra curiosità, certo, la vostra voglia di fare esperienza: ma non basterebbero, credetemi. Il propellente di quel movimento è fornito, anche, dai punti in cui passa: che non consumano energia, come succedeva per monsieur Bertin (la fatica), ma la forniscono. In pratica il barbaro ha delle chances di costruire vere sequenze di esperienza solo se a ogni stazione del suo viaggio riceve una spinta ulteriore: non sono stazioni, sono sistemi passanti che generano accelerazione. (Scusate il gergo da fisico, ma è per capirci. È fisica della mente, per così dire.) Si potrebbe affermare che l'incubo del barbaro è rimanere invischiato dai punti in cui transita, o rallentato dalla tentazione di un'analisi, o addirittura fermato da un'inopinata deviazione verso la profondità. Per questo tende a cercare stazioni di passaggio che invece di trattenerlo, lo espellono. Cerca la cresta dell'onda, per poter surfare da dio. Dove la trova? Dove c'è quello che noi chiamiamo *spettacolarità*. La spettacolarità è un misto di fluidità, di velocità, di sintesi, di tecnica che genera un'accelerazione. Ci rimbalzi sopra, alla spettacolarità. Schizzi via. Ti consegna energia, non la consuma. Genera movimento, non lo assorbe. Il barbaro va dove trova la spettacolarità perché sa che lì diminuisce il rischio di fermarsi. Dice: perché lì diminuisce il rischio di pensare, ecco la verità. Sì e no. Pensa meno, il barbaro, ma pensa reti indubbiamente più estese. Copre in orizzontale il cammino che siamo abituati a immaginare in verticale. Pensa il senso, tale e quale a noi: ma a modo suo.

Una volta ho letto questa frase: "Per chi si arrampica sulla facciata di un palazzo, non c'è ornamento che non appaia utilissimo". Forse era Kraus*, ma non ci giurerei. Comunque: è un'immagine che vi può aiutare a capire: ciò che la civiltà è abituata a considerare ornamento inessenziale, per il barbaro, che scala facciate e non abita palazzi, è divenuto sostanza. Non riuscirete mai a sfiorare il suo modo di pensare se non riuscite a immaginare che la spettacolarità, per lui, non è una qualità possibile di ciò che fa, ma è *ciò che fa*. È una precondizione dell'esperienza: non gli è quasi possibile accedere ad altro che a fatti dotati di quella capacità generatrice di movimento: fatti spettacolari. Se un tempo, dunque, l'equilibrio da salvaguardare era quello tra la forza di una sostanza e la seduzione della superficie, per il barbaro il problema si presenta in termini profondamente mutati: perché per lui la seduzione è una forma di forza, e la superficie è il luogo, esteso, della sostanza. Dove noi vediamo un'antitesi, o quanto meno due elementi di pasta diversa, lui vede un unico fenomeno. Dove noi cerchiamo una risposta, per lui non esiste la domanda.

Così, quando la civiltà critica, nell'artefatto barbaro, il tratto ruffiano, dopato, facile, dice simultaneamente una cosa vera e una falsa. È vero che quel tratto è presente, ma è falso che questo sia, quanto meno nella logica barbara, un difetto. È sostanza, non è accidente, si sarebbe detto un tempo. In quel tratto il barbaro disintegra il totem della fatica (e tutta la cultura che ne conseguiva) e si assicura la sopravvivenza del movimento (fondamento della *sua* cultura). Va da sé che restano criteri di buon gusto e di misura con cui giudicare, di volta in volta, l'artefatto venuto meglio e quello venuto peggio. Ma credo di poter dire che quando noi critichiamo nell'artefatto barbaro l'enfasi del tratto spettacolare, seduttivo, ruffiano, assomigliamo a uno che, davanti a una giraffa, scuotesse la testa commentando: gambe e collo troppo lunghi, un orrore. Il problema è che quello non è un cavallo oblungo e riuscito male: è una giraffa. Animale splendido: tanto tempo fa, era un regalo speciale, riservato ai re.

Volete un esempio che forse vi chiarirà tutto? Il cinema.

2. *Cinema*
Nella prossima puntata, però.

2. *Cinema*

Esempio di come la spettacolarità possa essere sostanza invece che attributo: il cinema. Il baraccone da luna park diventato arte. Prendi un lettore ottocentesco di Balzac e fagli vedere, che so, *Full Metal Jacket* (non dico *Matrix*, dico *Full Metal Jacket*): prima di svenire, certamente avrà modo di notare, con un certo disgusto, la spettacolarità disdicevole di quel linguaggio espressivo: la velocità, il montaggio, i primi piani, la musica, gli effetti speciali...: non c'è dubbio che la cosa gli sembrerà orrendamente facile, piaciona, dopata, ruffiana. Per i suoi parametri lo è. Per i nostri, no. Perché al cinema noi riconosciamo pregiudizialmente, e perdoniamo, una certa essenza spettacolare, necessaria al suo esistere. Nei film hollywoodiani ancora ci attardiamo a misurare il tratto spettacolare, e a valutare quanto la sua presenza nuoccia al senso, all'intelligenza, alla profondità. Ma, perfino lì, è un ragionamento un po' d'accademia, che stride col nostro istintivo adottare quegli stessi film come mitologia del nostro tempo. *Ombre rosse** per un lettore balzacchiano sarebbe piuttosto spregevole: per noi è un classico.

E d'altronde il cinema (forma d'espressione privilegiata della cultura barbara: televisione, video, videogames vengono da lì...), e d'altronde il cinema è quasi un simbolo riassuntivo, e totemico, del procedere barbaro: come restituire in un'unità velocemente percepibile una traiettoria che passa da punti così diversi tra loro. Pensate anche solo al punto di vista, l'angolo in cui mettono la macchina da presa: come riuscire a trasformare in uno sguardo unico (il tuo) quel saltabeccare da punti diversi, disseminati nello spazio? Nessuno vede così, nella vita. Ma al cinema vediamo così. Ed è piuttosto naturale. Quella naturalezza ha bisogno di una certa eclisse dell'intelligenza: il tratto spettacolare del cinema (in questo caso il montaggio) è il doping artificiale che genera quella naturalità. La spettacolarità permette la traiettoria che poi produce senso: prima lo annebbia, poi lo rischiara.

E, a livello più sofisticato, quell'eterno braccio di ferro tra il libro e il film, quando si fanno gli adattamenti: portare, che so, un romanzo di Conrad* sullo schermo. D'istinto il cinema abbrevia, semplifica, mette in riga... La meravigliosa libertà di qualsiasi libro viene riallineata a una spettacolarità che corre in superficie, inanellando scene madri, apparentemente mortificando le profondità insondabili del testo. Ma è vero anche che, alla fine, il film c'è ed è, a suo modo, emozionante, e ha una sua forza autonoma, e appare perfettamente dotato di senso, e modifica persino il nostro rapporto col libro (esempio: *Moby Dick* di Huston): così ti chiedi se quel che è successo non è in fondo, ancora una volta, un classico gesto barbaro: hanno trasformato un libro in un sistema passante. Nella loro logica, lo hanno salvato.

Il cinema come prototipo di ogni sistema passante. Un corso propedeutico all'architettura dei barbari.

La mutazione For Dummies*.

3. *Nostalgia*

Non si può capire nulla dei barbari senza capire che la civiltà da cui si sono eclissati continuano a portarsela dentro come una sorta di terra madre di cui non sono stati degni.

La nostalgia che conserva il pesce di quando viveva sulla terra ferma.

Davvero: cercate sempre, in ogni trionfo barbaro, *la nostalgia*. Forse perfino il sottile complesso di colpa.

Strane esitazioni, piccoli gesti, inaspettate concessioni alla profondità, infantili solennità.

La mutazione è *dolorosa*: quindi sempre imperfetta, e incompleta.

4. *Sequenze sintetiche*

Nel suo viaggiare in velocità sulla superficie del mondo cercando il profilo di una traiettoria che poi chiama *esperienza*, il barbaro incontra talvolta stazioni intermedie di un tipo tutto particolare. Che so, *Pulp Fiction*, Disneyland, Mahler*, Ikea, il Louvre, un centro commerciale, la FNAC*. Più che stazioni di transito, esse sembrano essere, in modi diversi, il riassunto di un altro viaggio: un condensato di punti radicalmente estranei tra loro ma coagulati in un'unica traiettoria, concepita da qualcuno al posto nostro: e da lui consegnataci. In questo senso offrono al barbaro una chance preziosissima: moltiplicare la quantità di mondo collezionabile nel suo veloce surfing. L'illusione è che fermandoti in quella stazione percorri in realtà tutte le linee ferroviarie che arrivano lì. Se uno passa da *Pulp Fiction* passa, simultaneamente, da una bella antologia iconografica del cinema: così come, in tre ore di Louvre, si porta a casa un bel po' di storia dell'arte. In un negozio di mobili puoi trovare il comodino che fa per te, ma da Ikea trovi un modo di abitare, una certa coerente idea di bellezza, forse perfino un particolare modo di stare al mondo (è un posto in cui l'idea di restituire l'albero di Natale dopo l'uso fa tutt'uno con una certa idea della stanzetta per i bambini). Sono tutti macro-oggetti anomali: li chiamerei *sequenze sintetiche*. Suggeriscono l'idea che si possano costruire sequenze proprie inanellando non tanto singoli punti di realtà, quanto concentrati di sequenze formalizzate da altri. Un impressionante effetto moltiplicatore, bisogna ammetterlo. Si può forse affermare che, una volta conosciute, il barbaro abbia scelto quelle sequenze sintetiche come luoghi di transito prediletti del suo andare: e quando costruisce stazioni di passaggio tende a costruirle su quel modello. Dalla libreria-café al quotidiano che vende libri e dischi in allegato, fino agli enormi centri commerciali dove c'è anche la chiesa, prevale l'idea istintiva che se passi da un punto che ne contiene tre, o cento, puoi arrivare a collezionare un'impressionante quantità di mondo.

Per quanto possa sembrare delirante, una simile ambizione è l'unica legittimazione teorica alla perdita di senso che simili concentrazioni di mondo inevitabilmente generano. Esempio: con l'avvento dei giganteschi bookstores, il tanto rimpianto rapporto con il libraio di fiducia che tutto aveva letto e tutto sapeva va a farsi benedire, e con esso anche, probabilmente, la possibilità che l'anomalia dell'individuo e la libertà delle passioni riescano effettivamente a segnare con intelligenza il mercato. Ma quel che fa il grande bookstore, per compensare questa perdita, è offrirsi come grandioso riassunto di un intero viaggio, mettendo a disposizione pezzi di paesaggio, o incroci di geografie, che nella piccola libreria erano invisibili. A studiare lo scontrino di uno che esce dalla FNAC si ha la fisica percezione di sequenze di consumo (di esperienza, quindi, per i barbari) che nessun piccolo negozio sarebbe mai in grado di generare. Questo tipo di forza, di senso dispiegato, è quel che il barbaro cerca: forse il prezzo che paga per ottenerlo lo intuisce perfino: ma certo è disposto a pagarlo.

Per comprendere fino in fondo la faccenda, manca ancora un tassello. Si potrebbe obiettare che anche un libro di Flaubert era, ed è, una sequenza sintetica: un viaggio formalizzato, sintetizzato, confezionato per esser consumato senza spostarsi da casa. Ed è indubbiamente vero. E allora perché lui no e Disneyland sì? Che differenza c'è? Solo che Flaubert è intelligente e Disneyland no, per cui il barbaro va da Pippo e non da madame Bovary? Se una simile risposta è quella giusta, lo è, credo, in un numero di casi piuttosto insignificante. C'è qualcosa di più sottile. Non dovete dimenticare che il barbaro cerca solo e sempre sistemi passanti: vuole stazioni intermedie che non soffochino il suo movimento, ma che, al contrario, lo rigenerino. Quando si accosta alle sequenze sintetiche (porzioni massicce di mondo coagulate in un unico punto) sa che corre un rischio: di rimanervi impantanato. Quelle stazioni promettono una tale convergenza di pezzi di mondo che rischiano di diventare stazioni finali: è lo spettro del binario morto. Per questo il barbaro predilige quelle sequenze sintetiche che conservano una specie di leggerezza e di fluidità strutturale: sono capaci di rendere veloce il passo che le attraversa, e impossibile un radicamento eccessivo dell'attenzione. Spesso, una simile acrobazia è riassumibile nel termine: spettacolarità. Usato in senso piuttosto lato, ma il termine è quello. La spettacolarità generatrice di movimento è il segreto di Disneyland e, in generale, di tutte le sequenze sintetiche che oggi vanno per la maggiore. (Ammesso che Flaubert ne fosse capace, non era questo che gli interessava: lui lavorava per monsieur Bertin.) Naturalmente, in quel termine *spettacolarità* c'è un po' tutto quello che la civiltà non barbara patisce: la facilità, la superficialità, l'effettistica, la libidine commerciale, ecc. Sono tutte significative perdite di senso, ai suoi occhi. Uno stillicidio infernale. Ma volevo spiegare che, per il barbaro, sono invece delle precondizioni per il suo movimento: sono il prezzo da pagare (per lui insulso) in vista del premio dell'esperienza.

5. *Passato*

Se poi c'è una cosa che fa imbestialire la civiltà, è il tipo di rapporto che i barbari intrattengono con il passato. Non tanto con la storia passata: con *la cultura* del passato. E quella è una faccenda interessante.

In genere, la civiltà si regola ancora con i precetti di monsieur Bertin: la cultura del passato rappresenta il luogo delle nostre radici e quindi è, per antonomasia, il luogo del senso. Che so: Dante, la cattedrale di Reims, le sinfonie di Haydn. Per accedervi bisogna fare una grande fatica, risalire la corrente del tempo e diventare padroni delle lingue in cui, lì, il senso è pronunciato: il minatore diventa archeologo e traduttore, e, con una cura infinita, lavora per recuperare il reperto antico, stando molto attento a non spaccarlo. Poi lo pulisce, quando è necessario rimette insieme i pezzi, lo studia, e lo mette in un museo. È il genere di trafila per cui monsieur Bertin andava matto. Oggi è il protocollo ufficiale del nostro rapporto con il passato. Legioni di sacerdoti e vigilantes intellettuali si danno la pena, ogni giorno, di tramandarlo. Somme sorprendenti di denaro pubblico sono spese, senza fare una piega, per assicurarsi che la gente lo rispetti. Lo riassumerei così: il passato è uno dei luoghi privilegiati del senso: bisogna capire che non è mai finito, e rivive in ogni gesto che sa suscitarlo dall'oblio. Saperlo suscitare dall'oblio è una faccenda di fatica, rigore, studio e intelligenza. Voilà.

L'idea dei barbari, al proposito, è radicalmente opposta. La riassumerei così: il passato, come dice la parola stessa, è passato. Fine della discussione.

E, fin qui, c'è da mettersi le mani nei capelli. Ma proviamo ad andare avanti.

A ben vedere, il passato è tutt'altro che assente dall'immaginario collettivo dei barbari. Diciamo che è presente, e molto, ma in una forma particolare. Il passato sta nella mente dei barbari come le cose vecchie o antiche stanno nei fumetti e nei film di fantascienza. Come un monocolo sul volto di un alieno che sta per invadere la terra. Come un arco gotico nel palazzo del re dei cattivi. Come l'impugnatura di legno della pistola disintegrante. Sì, dice, va bene, ma cosa significa, esattamente? Provo a spiegarlo. Per i barbari il passato è una discarica di rovine: loro vanno, guardano, prendono quel che gli è utile e lo usano per costruirsi le loro case. Sono come quelli che tiravano su basiliche cristiane usando le macerie di un tempio pagano andato in rovina: e rimettevano insieme pezzi di colonne per far star su tetti che quelle colonne non si sarebbero mai sognate. Cominciate a capire? Per il modello di monsieur Bertin, quello che avresti dovuto fare era tirare su di nuovo il tempio pagano, esattamente com'era! E invece quelli: un pezzo qui un pezzo là, ed ecco qua una bella basilica cristiana. Non c'erano vigilantes a vigilare e non esistevano ministeri dei beni culturali!

Lo si può dire anche così: i barbari lavorano su schegge del passato trasformate in sistemi passanti. Mentre per il nostro modello culturale il passato è un tesoro sepolto, e possederlo significa scavare fino a trovarlo, per il barbaro il passato è ciò che, del passato, risale in superficie ed entra in rete con schegge del presente. Sono come zattere sopravvissute a un naufragio, e arrivate fino a noi tenute a galla dalla corrente indecifrabile del sentire collettivo. Sono sempre schegge, relitti, frammenti: non è mai la solennità compiuta di una nave intera che sfugge alla tempesta del tempo: ma una polena, un paio di scarpe, la scatola di un cappello. Ishmael* fu l'unico a salvarsi, ricordate? Lo trovarono appeso a una bara galleggiante.

Bare galleggianti, portate dalla corrente, ecco cos'è il passato, per i barbari.

Un corollario affascinante di una simile posizione è questo: il passato è allineato su una sola linea, definibile come *ciò che non è più*. Mentre per la civiltà proprio il misurare ogni volta la distanza dal passato, e colmarla, e capirla, è il cuore della faccenda, assolto dalla sublime perizia dell'archeologo e dell'esegeta, per il barbaro quella distanza è standard: la colonna greca, il monocolo, la colt e la reliquia medievale sono allineati su un'unica linea, e accatastati nella stessa discarica. In certo modo, sono anche immediatamente reperibili: non c'è bisogno di risalire un bel niente: allunghi la mano e sono lì. La cosa può anche far schifo, ma non dimenticate che un rapporto simile con il passato non è inedito, per gli umani occidentali, e ha i suoi nobili precedenti. Lo so che non ci crederete, ma è vero: gli eroi dell'*Iliade*, ad esempio, non erano la ricostruzione filologica di una qualche civiltà reale, ma l'immaginario assemblaggio di passati stratificati e tutti riallineati su un'unica linea assurda: per il pubblico dell'ottavo secolo a.C. immaginare Achille scendere in battaglia doveva essere come, per noi, immaginare un supereroe vichingo al volante di una Ferrari senza benzina tirata da otto cavalli, armato con un arco in tungsteno, l'iPod nella tasca della tunica da crociato (in audio: canto gregoriano e sax): quando parla, parla in latino. Quando canta, canta *La Marsigliese*. Per dire: vi farà schifo, ma è già successo. E ci facevano i poemi omerici, con idee strampalate del genere. E d'altronde: perfino ai tempi di monsieur Bertin, cos'era *Ivanhoe** se non un assemblaggio di quel tipo? E vogliamo ricordare l'antico Egitto dell'*Aida*? Monsieur Bertin dettava la linea, ma poi, sotto sotto, quelli facevano quel che gli pareva, fieri di una schizofrenia che, come vedremo, abbiamo ereditato allegramente.

Così, riassumendo, la civiltà insegna una discesa consapevole e colta nel passato, con l'obiettivo di riportarlo in superficie nella sua autenticità. I barbari costruiscono con le macerie, e aspettano zattere galleggianti con cui costruirsi la casa e decorarsi il giardinetto. È talmente faticosa la prima soluzione, e ludica la seconda, che gli organi di controllo della civiltà (scuola, ministeri, media) hanno il loro bel da fare per impedire alla collettività tutta di scivolare giù per la china della barbarie. Per cui la disciplina si è ormai irrigidita a culto, e la vigilanza è ostinatissima. Quotidianamente viene ripetuto l'assioma per cui l'uso del passato che fanno i barbari sta a quello che ne fa la civiltà come un hamburger di McDonald's sta a un brasato al barolo. La gente fa finta di crederci. Ma sotto sotto sa che l'assioma vero è un altro: il passato dei barbari sta a quello della civiltà come *mangiare* un hamburger di McDonald's sta a *guardare* un brasato al barolo. In questa intuizione, la gente registra la convinzione, tipicamente barbara, che il passato è utile solo quando e dove può diventare, immediatamente, presente. Quando lo puoi consumare, mangiare, trasformare in vita. Non è un principio estetico, il rapporto col passato, non è una forma di eleganza: è la risposta a una fame. Il passato non esiste: è un materiale del presente. Sarà probabilmente vero, pensa il barbaro, che il brasato al barolo è più buono di questo orrendo hamburger: ma io ho fame qui e adesso, e se devo andare fino nelle Langhe per mangiare quello splendore, io là ci arrivo morto. Specie da quando la strada per le Langhe è diventata un viaggio lunghissimo, selettivo, sofisticato, elitario e pallosissimo. Quindi mi fermo qua. E mangio il mio hamburger, sentendo nel mio iPod *Le stagioni* di Vivaldi versione rock, leggendo intanto un manga giapponese, e soprattutto mettendoci dieci minuti dieci, così me ne esco di nuovo fuori, e non ho più fame, e il mondo è lì, da attraversare. È una posizione discutibile. Ma è una posizione: non è una follìa.

Forse, la vera linea di resistenza al saccheggio barbaro del passato la troverebbe una civiltà che invece di contestare ossessivamente la legittimità di quel gesto, si spingesse a giudicare quel che i barbari fanno col bottino della loro ruberia. Alla fine, quel che dovrebbe essere importante è *cosa se ne fanno*, di quelle macerie. Un conto è costruire basiliche, un conto è usare capitelli corinzi per farci il barbecue. Dato che spesso ci fanno il barbecue, ci sarebbe largo spazio per una critica utile e salvifica. Ma in genere devo registrare che la civiltà preferisce arroccarsi al di qua di un simile confronto, dietro alla sua personale Muraglia Cinese: continuando maniacalmente a pretendere che con quelle pietre si ricostruisca il tempio ad Apollo, e nient'altro.

È una battaglia sensata, me ne rendo conto. Ma nel momento in cui ti accorgi di averla persa, rimane sensato continuare a combatterla?

6. *Tecnica*

Sistemi passanti, conoscenza come surfing, sequenze sintetiche, esperienze in forma di traiettoria: ormai dovreste riconoscere facilmente le forme e la logica del movimento del barbaro. Così potete capire una delle poche obiezioni sensate e fondate che la civiltà può avanzare: *è solo tecnica senza contenuto.* Cioè: è una forma di perizia, di acrobazia, di gioco di prestigio: che però non genera alcun valore, o principio, o conoscenza. È vero? Difficile dirlo. Ma è vero che, per il barbaro, in fondo, qualsiasi tessera del mondo equivale a un'altra: è il suo viaggio, il suo surfing, la sua sequenza che le rende, di volta in volta, significative. Così, leggere Calvino, collezionare film con Moana Pozzi, mangiare giapponese, tifare per la Roma e suonare la viola da gamba diventano cose, in sé, equivalenti, che assurgono a un significato particolare solo grazie al gesto che le inanella tutte, mettendole in sequenza, e quindi trasformandole in esperienza. Praticamente il senso non è nelle cose: è generato dalla tecnica di chi le percepisce. È un'idea non nuova, per carità, ma nel caso barbaro suona abbastanza inquietante: dato che la tecnica è, tutto sommato, alla portata di qualsiasi barbaro, bisogna abituarsi all'idea che la sequenza messa su da un perfetto imbecille sia generatrice di senso e, quindi, testimonianza di una qualche, inedita, forma di intelligenza. In pratica, finiremo per dare credito a qualsiasi fesseria che si dia in forma di sequenza superficiale, veloce, e spettacolare: così come in passato, ad esempio, abbiamo riconosciuto automaticamente come arte qualsiasi brano di musica colta che si desse in forma cervellotica e incomprensibile. Dato che siamo gente che è arrivata a esporre tele con un taglio, e a studiarle, e a pensarle come uno snodo importante della civiltà, noi tutti siamo in predicato di inchinarci di fronte al primo barbaro che metta in sequenza, per dire, un bambino sbudellato, il gioco degli scacchi e la Madonna di Fatima. Il rischio è reale.

D'altra parte, sarebbe forse anche il caso di chiedersi: era poi tanto diverso per altre storiche mutazioni come, ad esempio, Illuminismo e Romanticismo? Non erano quelle, anche, delle tecniche? E ogni volta che sono state usate come tecnica pura, virtuosismo, esibizione, non hanno prodotto anch'esse cose deprecabili? E quanti fessi sono diventati eroi per il solo fatto che usavano quella tecnica, nel momento giusto, e nei paesi giusti? Questo dovrebbe indurci a condannare Illuminismo e Romanticismo come mutazioni rovinose? La musica di Clayderman* ci dice qualcosa sul valore di quella di Chopin? L'esistenza di umani che appendono in salotto puzzle incorniciati di paesaggi svizzeri confuta la grandezza della percezione romantica della natura?

Peccato che questi siano solo *inizi di pensieri.* Qui ci sarebbe da andare avanti per puntate e puntate. Tranquilli, non lo faccio. Il che non vuol dire che non lo possiate fare voi, nella vostra cameretta.

7. *Democrazia*

E se l'avvento della democrazia fosse uno dei primi segnali dell'arrivo dei barbari? Terreno minato! Potrei fermarmi qui, e invece vado avanti, rischiando di saltare.

C'è poco da fare: se i barbari sono quello che io ho cercato di descrivere qui, la democrazia ha molti tratti tipici del gesto barbaro. Pensate all'idea di polverizzare il senso (che nella politica è il potere) sulla superficie di tanti punti equivalenti (i cittadini) invece che mantenerlo ancorato a un unico punto sacro (il re, il tiranno). Pensate all'idea che il potere vada assegnato non all'uomo più nobile, neanche al migliore o al più forte, ma a quello più linkato (più votato). Pensate alla convinzione che il potere non ha nessuna legittimazione verticale (il re era l'eletto di Dio), ma ha una sua legittimazione orizzontale (il consenso dei cittadini): così che tutta la storia del potere si gioca in superficie, dove solo valgono i fatti attuali, e non c'entra la profondità, dove varrebbe l'appartenere a una dinastia, o il professare una certa religione. Pensate alla storica, fisiologica propensione della democrazia a fare della medietà un valore, scegliendo sistematicamente di applicare le idee e le soluzioni che trovano il maggior consenso possibile. Pensate alla velocità con cui la democrazia rimette in gioco il potere, cioè pensate a cosa sono i quattro anni delle elezioni presidenziali americane rispetto ai secoli di potere di una dinastia o ai decenni di un tiranno. Non è tutto così singolarmente barbaro? Cosa significherà mai? Non sarà per caso che la democrazia è uno dei grembi della civiltà barbara, uno dei suoi luoghi di fondazione? O è solo un'illusione ottica?

Come sarebbe *utile* avere qualcuno capace di dare una risposta. Io riesco, a malapena, a intravedere la domanda. Che mi si fa ancora più complicata se abbandono qualsiasi prudenza e mi spingo a rilevare come la democrazia assomigli alla barbarie soprattutto nei suoi tratti degenerati. Quelli che abbiamo sotto gli occhi. Faccio due esempi. Vi ricordate la nostalgia? Una cosa che ho scritto nella scorsa puntata: che non si capisce niente dei barbari se non si capisce che la loro mutazione è sempre imperfetta perché è condizionata da un'irrazionale nostalgia per il mondo che stanno distruggendo. Forse perfino da un sottile complesso di colpa. Ecco. Come vi suona l'idea che, con ogni probabilità, al vertice delle democrazie occidentali, cioè negli USA, ad avere il potere negli ultimi anni e nei prossimi, sono state e saranno sostanzialmente due famiglie, Bush e Clinton? Non è una forma perversa di nostalgia per le care vecchie dinastie? E decidere democraticamente, come si è fatto in Italia, di farsi guidare, semplicemente, dall'uomo più ricco del paese, non è una forma infantile di autoconfutazione nostalgica, di ripensamento tardivo? Cos'è questa assurda forma di degenerazione per cui si ripristina, in modo mascherato, il nemico che si era vinto? Non è la stessa forma di nostalgia, e di complesso di colpa, che vena quasi tutti i gesti barbari? Non è lo stesso tipo di *imprecisione*?

E il secondo esempio, l'ultimo poi smetto. Questa sensazione che la democrazia sia ormai una tecnica che gira a vuoto, celebrando un unico valore davvero riconoscibile, cioè se stessa. Non so se sia una mia perversione, o un sentire comune a molti. Ma certo si ha così spesso il dubbio che perfino i princìpi di libertà, uguaglianza, solidarietà che fondarono l'idea della democrazia siano per così dire scivolati sullo sfondo, e che l'unico valore effettivo della democrazia sia la democrazia. Quando si limitano le libertà individuali in nome della sicurezza. Quando si ammorbidiscono i princìpi morali per esportare, con la guerra, la democrazia. Quando si accorpa la complessità del sentire politico nella opposizione di due poli che, in realtà, si contendono un pugno di indecisi collocati in mezzo. Non è il trionfo della tecnica sui princìpi? E non assomiglia sorprendentemente allo stesso possibile delirio barbaro, che rischia di santificare una semplice tecnica, rendendola una divinità appoggiata su un vuoto di contenuti? Guardate negli occhi democrazia e barbarie: ci vedrete la stessa inclinazione a diventare meccanismi perfetti che scattano a ripetizione senza produrre null'altro che se stessi. Orologi che funzionano perfettamente, ma che non spostano nessuna lancetta.

8. *Autentico*

Una splendida espressione che si coltivava con fervore ai tempi della civiltà era: *l'autentico*. Spesso lo mettevamo in connessione strettissima con un altro termine che ci era caro: *l'origine*. Avevamo questa idea che in profondità, all'origine delle cose e dei gesti, dimorasse il luogo aurorale del loro affacciarsi alla creazione: lì, dove essi iniziavano, si poteva scorgere il loro profilo *autentico*. Lo immaginavamo, ovviamente, alto e nobile: e si misurava la tensione morale di un gesto o di un'idea o di un comportamento proprio misurando la sua prossimità all'autenticità originaria. Era un modo di impostare le cose piuttosto fragile, ma era chiaro, e felicemente normativo. Faceva intravedere una regola: ed era una regola *bella*. Esteticamente apprezzabile, e dunque, in qualche modo, fondata.

Ma adesso? Se c'è una cosa che i barbari tendono a polverizzare sono proprio le nozioni di autentico e di origine. Sono convinti che il senso si sviluppi solo dove le cose si mettono in movimento, entrando in sequenza le une con le altre, per cui la categoria di *origine* suona loro piuttosto insignificante. È quasi un luogo di immobile solitudine in cui il senso delle cose è ancora tutto da venire. Dove noi vedevamo il nido sacro dell'autentico, dell'originario, loro vedono l'antro di una preistoria in cui il mondo è poco più che una promessa. Dove noi collocavamo l'esistere per eccellenza, autentico e puro, loro leggono soltanto un iniziale momento di pericolosa fragilità: la forza del senso, per loro, è altrove. È dopo.

Detto così fa impressione, ma tradotto in qualche esempio vedrete che suonerà meno traumatico. Marilyn Monroe. Qual era l'autentico volto di quella donna? Importa davvero a qualcuno saperlo? Non è più importante registrare quello che ha rappresentato per milioni di uomini, ciò che è stata ed è nell'immaginario collettivo? Se vi dicono che in realtà il sesso le dava fastidio, vi importa qualcosa? Ipotizziamo per un attimo che le desse fastidio *veramente*: non percepite come questo tratto autentico, originario, non restituisca affatto il senso che quella donna ha avuto per la cultura occidentale? Ciò che è realmente autentico, nella sua figura, è ciò che di quella figura si è cristallizzato nella percezione collettiva. Marilyn Monroe è Marilyn Monroe, non Norma Jean Mortenson (che era il suo nome autentico e originario).

Trasferite un simile ragionamento a qualsiasi evento: e avrete il senso, ad esempio, di questo giornale che state leggendo. Pensate che in queste pagine si stia cercando di ricostruire il volto autentico del mondo? Non c'è traccia di una simile ambizione. C'è invece un formidabile talento (qui e in tutto il giornalismo contemporaneo) nel cristallizzare a realtà il friabile materiale che i fatti sprigionano entrando in connessione con altri fatti e con il pubblico. È come se loro (i giornalisti) fossero capaci, più di altri, di seguire le traiettorie dei fatti e scorgere l'esatto punto in cui esse incrociano un ascolto collettivo, un nervo scoperto, una disponibilità d'animo: solo lì, in quella felice congiunzione, i fatti diventano realtà. Quanto conservano dei loro tratti originari e, come dicevamo noi, autentici? Molto poco, in genere. Ma quei tratti, per convenzione, sono divenuti detriti inessenziali. Qualcosa come il nome vero di Marilyn Monroe.

In questo genere di cose il giornalismo, e in genere i media, rappresentano effettivamente la punta avanzata di una barbarie trionfante. Più o meno consapevolmente praticano una lettura del mondo che sposta il baricentro delle cose dalla loro origine alle loro conseguenze. Bene o male, per il giornalismo moderno il punto importante di un fatto è la quantità di movimento che è in grado di generare nel tessuto mentale del pubblico. A livelli estremi, un conflitto epocale e sanguinario in un paese dell'Africa resta per un giornale occidentale una non-notizia fino a quando non entra in sequenza con porzioni di mondo in possesso del pubblico occidentale. Bisognerebbe ad esempio che Bertinotti ne parlasse, anche solo prendendo un caffè, allora sì potrebbe diventare una notizia. Per quanto possa sembrare assurdo, è esattamente ciò che ci aspettiamo dai media: paghiamo per avere quel genere di lettura del mondo. In ciò, ci allineiamo, non si sa quanto consapevoli, a un'idea di fondo, squisitamente barbara, che in teoria non condividiamo ma in realtà pratichiamo senza alcuna difficoltà: il senso delle cose non alberga in un loro tratto originario e autentico, ma nella traccia che da esse sprigiona quando entrano in connessione con altri pezzi di mondo. Si potrebbe dire: non sono ciò che sono, ma quel che diventano. Comunque si giudichi un simile modo di pensare, quel che ci importa qui è capirne il tratto barbaro: cioè capire che non si tratta di una degenerazione dettata da una forma di follìa, ma la conseguenza di un certo modo di pensare il senso del mondo: è il corollario di una logica precisa. Discutibile, ma precisa.

Per questo oggi è divenuto così difficile rifarsi a un senso autentico dei nostri gesti: perché siamo in bilico tra due visioni del mondo, e tendiamo ad applicarle, simultaneamente, tutt'e due. Da una parte conserviamo ancora tiepido il ricordo di quando il senso delle cose era concesso a chi avesse la purezza e il rigore di risalire il corso del tempo, e di accostarsi al luogo della loro origine. Dall'altra sappiamo ormai bene che esiste solo ciò che incrocia le nostre traiettorie, e spesso esiste solo in

quel momento: intuiamo che è nel loro istante di massima leggerezza e velocità che le cose entrano a far parte di figure più
ampie, dove noi riconosciamo la pregnanza di una scrittura, e
dove abbiamo imparato a leggere il mondo. Così deambuliamo
piuttosto smarriti, rimpiangendo il tempo in cui i gesti erano
autentici, e vivendo quello in cui l'inautenticità è divenuta sinonimo di esistenza.

Non che sia una posizione particolarmente comoda.

9. *Differenza*

E già che siamo in una puntata difficile, liquidiamo anche 'sta
faccenda della differenza. Che facile non è. Ma importante, sì.
Anche qui è utile il riferimento alla civiltà pre-barbara. E prendiamo ancora una volta la musica classica, come esempio più
chiaro di altri. Qual era il modello di sviluppo di quel mondo?
Voglio dire, il suo modo di crescere, di perfezionarsi, di divenire? In genere, ciò che determinava il movimento era *un passo
avanti*: un miglioramento, un superamento, un progresso.
Mozart porta il sinfonismo di Haydn a nuove vette espressive.
Beethoven traghetta il sinfonismo mozartiano oltre il Settecento.
Schubert porta in superficie le implicazioni romantiche del sinfonismo beethoveniano. Ecc., ecc. Tutta la storia della musica è
leggibile come un costante auto-superamento in cui ogni passo
prosegue e completa quello precedente. La saldatura del nuovo
al vecchio assicurava l'autorevolezza; lo sprigionare del nuovo dal
vecchio assicurava il successo. In questo modo il movimento di
un particolare gesto creativo veniva ad assomigliare a una pro-
gressiva fioritura che esprimeva, alla fine, tutta la ricchezza di un
seme originario. A monte di un simile modello dinamico è riconoscibile una convinzione fortemente radicata nel DNA della
civiltà borghese e romantica: l'idea che il bello sia indissolubil-
mente legato a una qualche forma di progresso. Il gesto creatore
aveva un valore quando produceva un passo avanti, e il nuovo

aveva un valore quando portava a compimento il vecchio. Evidentemente ispirata al culto del progresso imparato dalla cultura scientifica (totem indiscusso, per quella civiltà), una simile convinzione portava a interpretare lo sviluppo dell'umano come una ascesa quasi oggettiva, inarrestabile, di volta in volta rimessa in moto dal genio singolare di un individuo particolare.

È utile capire che, probabilmente, per i barbari, questo modello di sviluppo non significa quasi niente. Non è loro congeniale. Probabilmente non credono più nel progresso tout court (e chi ci crede più?). Di sicuro hanno in mente un'altra idea di movimento. Il passo in avanti è una cosa che non capiscono: credono nel passo di fianco. Il movimento accade quando qualcuno è in grado di spezzare la linearità dello sviluppo, e si sposta di fianco. Non accade nulla di rilevante se non nella *differenza*. Il valore è la differenza, intesa come deviazione laterale dal dettato dello sviluppo. Prendiamo la moda, ad esempio. Si può dire che il pantalone a vita bassa è un superamento del Levi's 501? Non credo. O che l'ombelico di fuori è un passo avanti rispetto alla minigonna? Assurdo. La moda non si spiega con l'idea di un progresso lineare a cui di volta in volta singoli stilisti danno un'accelerata geniale. Se vai a vedere l'esatto punto in cui il sistema cambia, trovi poco più che uno spostamento laterale, la generazione di una differenza. Voi direte: va be', la moda, cosa c'entra? D'accordo, prendiamo un altro esempio, e torniamo alla musica. Si può dire che i Red Hot Chili Peppers o Madonna o Björk siano il superamento di qualcosa, o un passo avanti rispetto a qualcosa? Magari lo sono anche, ma non è questo il punto. Il loro successo è più probabilmente fondato sulla capacità di compiere un passo di fianco, sulla loro capacità di generare una differenza, forte, ben strutturata, autosufficiente. Non è d'altronde quello che cercano ossessivamente le multinazionali della musica? Un sound differente. Mica cercano un *superamento* di Springsteen. Cercano qualcosa di *diverso* da

157

Springsteen. Fanno una fatica tremenda a trovarlo, di questi tempi, e questo ci deve far capire come il passo di fianco sia tutt'altro che facile, e anzi, sia forse la cosa più difficile: quando molto più semplice sarebbe trovare uno Schubert, dopo Beethoven. Ma i barbari non sanno che farsene di uno Schubert. Cercano la differenza.

Ancora una volta: lo fanno perché è coerente con i loro princìpi. Se il crepitare del senso è inscritto nelle sequenze disegnate dalla gente attraverso la giungla delle cose fattibili, l'obiettivo di qualsiasi creatività non può essere che quello di intercettare quelle traiettorie e diventare parte di esse: la vedete la necessità di muoversi nello spazio? Nel passo di fianco, qualsiasi tradizione creativa va a cercare il senso là dove esso accade. Nella differenza, e non nel progresso, lo trova. Se volete, proprio il giornalismo, che è ormai una forma d'arte, vi fornisce l'esempio più chiaro: esso non racconta il mondo ma produce news, cioè considera come evento solo ciò che si dà come differenza rispetto al giorno prima. Non ciò che ne è sviluppo, progresso o al limite regresso. La continuità del divenire è poi cautamente ricostruita nei commenti, o in rari reportage che cercano di riallestire narrazioni di mondo. Ma la tecnica di base del giornalismo è oggi una sequenza di passi di fianco che intercettano il senso del mondo registrandone tutti gli scarti laterali. Anche qui, è uno sviluppo orizzontale, nello spazio e sulla superficie, che sostituisce il cammino verticale dell'approfondimento e della comprensione. Apparentemente, una rovina: ma com'è che, poi, ogni mattina, è quel che cerchiamo?

Educazione

10. *Schizofrenia*

Se davvero ci troviamo nel bel mezzo di uno scontro tra civiltà e barbarie, non è una perdita di tempo fermarsi a capire, per un attimo, da che parte stanno le istituzioni a cui affidiamo il compito dell'educazione. Le fornaci ufficiali dove si mettono in cottura i nostri cervelli. Scuola e televisione, direi: è lì che passa il grosso della formazione collettiva. Ci sono naturalmente tante altre cose, ma se vogliamo guardare alle due fornaci maggiori, è lì che dobbiamo fermarci. E chiederci: da che parte stanno? Facile: la scuola sta dalla parte della civiltà, la televisione da quella della barbarie. Evidentemente ci sono un sacco di eccezioni: una singola figura di professore o una particolare trasmissione possono cambiare molto le cose. Ma se dobbiamo attenerci a una tendenza di massima, vincente sulle altre, allora penso si possa dire serenamente che a scuola si insegnano i princìpi della civiltà di monsieur Bertin e alla televisione domina l'ideologia dei surfer. Non ho tempo di fare tutti i distinguo del caso, e capire dove la scuola elementare è differente dalla scuola superiore, e dove *Report** è differente dai reality show: ma credo che, in linea di massima, si possa effettivamente riconoscere che la scuola presidia i valori della civiltà, e la televisione sperimenta senza alcuna cautela il nuovo sentire dei barbari. Cosa se ne può concludere? Innanzitutto che siamo gente schizofrenica, che al mattino ragiona come Hegel e dopo pranzo si muta in pesce, e respira con le branchie. Cosa che non finisce di affascinarmi. Nel liceale che al mattino studia Lorenzo Valla* (succede) e nel pomeriggio si trasforma in un animale della rete, decollando nel suo personale multitasking, è inscritta una schizofrenia che andrebbe capita. Come è spiegabile la mansuetudine con cui accetta la scuola? O, al contrario, come spiegare la naturalezza assoluta con cui vive da pesce non appena si chiude in camera sua? È una singolare specie di anfibi mentali, o quel che vivono al mattino lo vivono trattenendo il fiato, in una sorta di ipnosi rinunciataria? Oppure, al contrario: sono vivi solo al mattino, e il pomeriggio si fanno frullare da un sistema luccicante di cui sono vittime più che protagonisti?

Ma anche, si potrebbe dedurre, siamo una collettività in cui i princìpi della civiltà restano una specie di boccone prelibato, riservato a chi ha la possibilità di formarsi nelle istituzioni scolastiche, e la barbarie è una specie di ideologia di default, concessa gratis a chiunque, e consumata massicciamente da chi non ha accesso ad altre fonti di formazione. Cosa non inedita, nella nostra storia: la civiltà come lusso, e la barbarie come riscatto degli esclusi. Certo, rispetto al passato, noi possiamo farci forti di una scolarizzazione di massa che non ha precedenti: e possiamo credere che, in qualche modo, ci è riuscito di rendere disponibile ai più il luogo protetto in cui la civiltà consegna la sua eredità. Ma rimane sospetta l'acquiescenza con cui si è abbandonato l'altro pilastro formativo, la televisione, consegnandolo allegramente al nemico. Passi la televisione commerciale, ma quella pubblica? Come può essere accaduto che sia divenuta, essa stessa, un quartier generale dei barbari? A parte ogni ragione di carattere tecnico o economico, non puzza un po' che si sia consegnato al nemico, quasi senza combattere, proprio il quartiere più popolare, ritraendosi nei quartieri dorati del centro città? Lo vedete il maligno istinto a reagire all'aggressione dando in pasto i peones più deboli e intanto ritirando la parte nobile dell'esercito nel lusso di blindate roccaforti? Errore strategico, perché se lasci arrivare il barbaro sotto le mura, poi quello le scavalca, o trova la feritoia, o compra il traditore.

11. *Politica culturale*

E in mezzo, tra televisione e scuola, c'è tutto il campo aperto della cultura e dell'entertainment. In parte è un terreno lasciato all'istinto del mercato. Ma in parte è presidiato invece dalla collettività, che lo gestisce secondo criteri che poi noi chiamiamo: *politica culturale*. Con quali fini? Tramandare la civiltà o convertirsi alla barbarie? Bella domanda. A pensare al nostro cortile, verrebbe da rispondere: tramandare la civiltà. Viviamo d'altronde in un paese, noi italiani, che, solo nella preventiva conservazione e nella difesa dei propri beni artistici, brucia immense quantità di risorse e attenzione: il che rappresenta un compito tanto doveroso quanto allineato ai princìpi e ai valori di monsieur Bertin. È un tipo di cura orientato al passato e alla salvaguardia della tradizione: ovvio che se ne sia usciti fortemente segnati: per gente abituata a tenere in piedi monumenti che crollano, deve risultare ovvio che lo stesso tipo di gesto vada fatto per cose meno materiali come le idee, la bellezza o il sentire morale. Siamo conservatori quasi per necessità.

Comunque si giudichi la faccenda, possiamo quindi dire che, da noi, quando la collettività si muove per indirizzare il tempo della gente e le sue sortite culturali, lo fa con lo scopo di riaffermare e diffondere i princìpi della civiltà. Fino a qualche anno fa, poteva essere un principio pacifico e inattaccabile. Ma adesso? Quale senso profondo può avere bruciare risorse significative per consegnare a così tanti barbari un corredo mentale di cui loro, da tempo, hanno deciso di fare a meno? Non sarebbe piuttosto sensato usare le stesse risorse per accompagnare il formarsi di quella strana, nuova, civiltà, magari costringendola a connettersi con la saggezza e il sapere che essa, sbrigativamente, tenderebbe a liquidare come anacronismo inutile?

La parte più facile e immediata di un simile dubbio ha iniziato a salire in superficie, nel mondo delle politiche culturali, in questi ultimi anni. E la forma del dubbio è diventata questa: non è che dobbiamo andare un po' incontro a questi barbari, e trovare un modo di presentar loro le cose un po' più accattivante? Naturalmente, come progresso è piuttosto misurato, per non dire ridicolo, ma è sempre meglio di niente. Così si è arrivati a porsi il problema del come tramandare la civiltà. Che so: si è arrivati alla ovvia intuizione che la struttura ottocentesca dei musei non era proprio il massimo per un quattordicenne figlio di Internet. Oppure si è capito che, versando le stesse cose che si sono sempre fatte nel contenitore di un festival o di un grande evento, si mima quella struttura da sistema passante e da sequenza sintetica che i barbari prediligono su ogni altra. Oppure si è andati a cercare un tratto spettacolare, anche nei gesti più composti e rigorosi, per ritrovare quella velocità, e quella produzione di movimento, senza le quali quei gesti restano al di fuori delle consuetudini dei barbari. Insomma, ci si è dati un gran da fare. A monte, il tipo di intelligenza non è cambiato molto, e anche le persone, e l'età di quelle persone: ma una ventata di modernismo spudorato ha iniziato a scompigliare le stanze, marcescenti, della tradizione.

Io, al riguardo, ho una sola cosa da dire. Non trasformi un nomade in agricoltore sedentario facendogli delle case a forma di tenda, e coltivandogli tu il campo. Tradotto: se è solo una questione di maquillage, allora è una falsa soluzione, e anzi è una resa che otterrà solamente di allungare l'agonia.

Quando, invece, enorme sarebbe il compito storico di una politica culturale se solo coloro che la pensano capissero che non il salvataggio furbesco del passato, ma, sempre, la realizzazione nobile del presente è quanto si deve fare per assicurare alle intelligenze una minima protezione dall'azzardo del mercato puro e semplice.

Eliche

12. *Hamburger*

Sentite questa. Il giornale che state leggendo in questo momento vive perché incassa soldi in tre modi diversi: vendendo il giornale, vendendo spazi pubblicitari nel giornale e vendendo altre cose attaccate al giornale (libri, dischi, DVD...). Secondo voi cos'è che incassa di più? La pubblicità, questo è comprensibile. (Ma non poi così logico: un libro guadagna per quello che è, mica per qualcosa che si porta addosso e non c'entra niente con lui.) Va be'. E al secondo posto cosa c'è? Verrebbe da dire il giornale. E invece no. Nel 2005 si è verificato lo storico aggancio: gli allegati hanno fruttato più o meno quanto il giornale. Forse è un caso, una particolare congiuntura storica: ma comunque è successo, e la cosa dovrebbe far riflettere.

È sempre utile studiare come circola il denaro. Guardate la geografia di questo caso: c'è un centro, il giornale, e c'è una periferia, rappresentata da tutto quello che non è giornale ma è messo in movimento dal giornale: pubblicità e annessi. Dove va il denaro? Nella periferia. Avanti di questo passo, facile che il giornale venga a costare anche meno, o addirittura niente: a quel punto il denaro sarebbe *tutto* nella periferia. Curioso. Tenete conto che comunque nulla di tutto ciò esisterebbe se non ci fosse, al centro, il giornale. È lui che produce il combustibile per arrivare agli annessi. Così, il cuore di quel sistema appare come una grande fonte d'energia in cui si produce un'autorevolezza, una firma, che poi espelle ai lati il movimento del denaro. Non ho dati aggiornati, ma ricordo distintamente di aver letto come a Las Vegas, qualche anno fa, sia successo qualcosa di analogo: i ristoranti, gli hotel, i night club, i teatri, avevano sorpassato, quanto a incassi, i *casino*. Quello che in linea di principio era stato per anni l'accessorio apparato di gradevolezza studiato per trascinare il tapino a svuotarsi le tasche in un *casino*, adesso è diventato, economicamente parlando, la *sostanza* di Las Vegas. La gente continua ad andare là perché è Las Vegas, la capitale del gioco: ma poi fa altro.

È vero che la faccenda, di per sé, ricorda certe poetiche apocalissi primo-novecentesche: vi ricordate il palco vuoto dell'imperatore? Il mondo senza centro, tanto cantato dagli artisti mitteleuropei. Ma lì si trattava, appunto, di apocalisse: cioè di una forma elegante e sofisticata di perdita del senso. Invece i modelli che abbiamo adesso sotto il naso sembrano piuttosto produrre senso, non bruciarlo. Lo moltiplicano. Non sembrano la fine di un mondo, ma piuttosto l'inizio. L'inizio del mondo barbaro.

Forse uno degli stilemi esistenziali dei barbari è proprio questo schema: un centro fondativo che motiva il sistema e una periferia che magnetizza il senso. Posso fare un esempio plebeo? L'hamburger. Nella sua accezione barbaramente più alta e perfetta: l'hamburger di McDonald's. Il centro è la polpetta. Qualcuno ha in mente che gusto ha? Non ne ha, praticamente. Il senso di quella cosa da mangiare sta nel resto. Infatti lei, la polpetta, è praticamente unica e inamovibile: il movimento si scatena quando scegli cosa ci vuoi sopra, e intorno, e dietro. Adesso ormai siamo abituati: ma dovete ammettere che la cosa è un po' strana. Teoricamente, e secondo i princìpi di monsieur Bertin, se uno vuole mangiare una polpetta dovrebbe poter scegliere tra molti tipi di polpetta, e questo sarebbe il senso della faccenda: scegliere il manzo argentino piuttosto che il vitello danese cotto al sangue. Invece niente. Della polpetta non frega niente a nessuno. È il resto che fa la differenza.

È uno schema mentale, ammettetelo. Una transumanza del senso verso le regioni periferiche dell'accessorio. Il senso nomade che si sostituisce al senso stanziale. Barbari.

Così andiamo in enormi multisale a vedere film che sono la polpetta prevedibile, spesso, di allegre gite famigliari in cui si consuma di tutto. O compriamo qualsiasi oggetto produca Armani, anche i sottopentola, pur non sognandoci nemmeno di vestirci da Armani. O votiamo partiti di cui non abbiamo mai letto il programma. O guardiamo il calcio alla tivù e disertiamo lo stadio. O andiamo a Las Vegas per mangiare. O compriamo *la Repubblica* per portarci a casa un corso di inglese per bambini.

In un certo senso, volendo incontrare i barbari, una cosa che puoi fare è andare negli Stati Uniti, entrare in un supermercato e decidere di comprare un pollo al forno, semplicemente un pollo al forno. Ne esistono, minimo, quattro. Uno al curry, uno al limone, uno al rosmarino, e uno all'aglio. Le dimensioni sono sempre identiche, la cottura pure, la provenienza, immagino, anche. Posso anche aggiungere che il pollo, in sé, non sa quasi di nulla. Non so che dieta facciano quei poveri animali, ma si direbbe che pasteggiano a polistirolo. Il pollo al sapore di pollo *non esiste*. In compenso dove noi abbiamo giusto un'opzione ("mi dia un pollo al forno") loro ne hanno, minimo, quattro. Possono diventare molte di più se solo vi infilate nel gorgo delle salse.

Senso nomade.

12. *Elica*

Ehi, è l'ultimo pensierino. L'ultimo ritrattino dei barbari. Ultima pagina del taccuino. Sono soddisfazioni. Lo dedico, l'ultimo abbozzo, all'elica. È una immagine che mi aiuta a capire: com'è che si possa pensare, oggi, con una qualche ragione, che Thomas Mann è uno scrittore inutile e sopravvalutato. Sono accessi di follìa? No. È l'elica. Mi spiego.

Una cosa a cui bisogna prepararsi è che quando accade una mutazione, lì le gerarchie del giudizio vanno a pallino. Non è gradevole, ma è così. Lo dico nel modo più semplice: nella storia dei mammiferi il delfino è un eccentrico. In quella dei pesci, un padre fondatore. A parte ogni sfumatura di gusto, di comprensione, di giudizio, resta il fatto che ogni civiltà giudica i suoi predecessori dalla rilevanza che hanno avuto nel creare l'habitat mentale in cui quella civiltà vive. Se una generazione di mutanti sposta il mondo a vivere sott'acqua, stimolando la nascita di branchie dietro alle orecchie, va da sé che per quel mondo, da quel momento in poi, la giraffa non sarà quel gran punto di riferimento. Il coccodrillo avrà un suo certo interesse. La balena sarebbe Dio. Se per una qualche anomalia del destino storico l'Ancien Régime avesse continuato a dominare il mondo, Boccherini* sarebbe un grande e Beethoven un eccentrico. Ma nel mondo come l'abbiamo vissuto noi, Beethoven è, indiscutibilmente, un padre fondatore. Perfino il più oscuro degli artisti si guadagna un merito, agli occhi di una civiltà, se solo ha contribuito in piccola parte ad anticipare l'habitat mentale in cui poi, quella civiltà, è finita a dimorare. Il che deve indurre a capire come sia possibile anche il contrario: qualsiasi grande può regredire a inutile comparsa se una mutazione cambia il punto di vista, e rende difficile annoverarlo fra i profeti del nuovo mondo (Bach, per dire, restò pressoché invisibile per un sacco di tempo prima che una mutazione mentale rendesse rilevabile dai radar la sua immane presenza).

È come la pala di un'elica. Dipende da dove ti piazzi, puoi vederla scomparire dietro l'affilata linea del suo taglio, o vederla allargarsi, bella grassa, sotto i tuoi occhi. Non è tanto una questione di forza della singola opera o del singolo autore: è la prospettiva che detta la regola: poi, solo dopo, interviene quella forza, a orientare i giudizi.

Così noi vediamo, retrospettivamente, solo il paesaggio che si può vedere da qui, e in questo modo riconosciamo le vette più alte, e misuriamo la grandezza.

Ora pensate ai barbari. Pensate a dove sono andati a vivere, nel loro nomadismo mentale. Pensate al paesaggio che si apre davanti ai loro occhi se solo provano a voltarsi indietro. E guardate se, alta e immota, brilla in tutto il suo splendore la vetta di Thomas Mann. Non so. Forse. Ma non lo darei così per scontato.

Perché è vero che ci sono vette che praticamente nessuna mutazione ha cancellato dal paesaggio dei viventi. Le chiamiamo: i classici. Omero. Shakespeare. Leonardo. Ogni volta che ci si è spostati, erano ancora là, incredibilmente. Per ragioni segrete, o per una forma di vertiginosa capacità profetica che sapeva immaginare non un nuovo mondo, ma tutti i nuovi mondi possibili: in essi era inscritta qualsiasi mutazione. Ma Thomas Mann: siamo sicuri che sia all'altezza? O non è piuttosto la vetta di un paesaggio particolare, uno dei tanti, forse nemmeno tra i più radicati e diffusi, quasi il paesaggio privato di una civiltà locale, breve, e già sparita.

Dico questo per chiarire che se si accetta l'idea di una mutazione, e allegramente si inclina a lasciarla passare, ciò a cui bisogna essere preparati è la perdita secca di qualsiasi gerarchia preesistente, la frana di tutta la nostra galleria di monumenti. Resterà in piedi qualcosa, certamente. Ma nessuno può dire, oggi, cosa. Tremerà la terra, e solo dopo, quando tutto si sarà fermato di nuovo nella bella permanenza di una nuova civiltà, ci si guarderà attorno: e sarà sorprendente vedere cosa è ancora là, dei paesaggi della nostra memoria.

Che potrebbe anche essere l'ultima riga di questo libro, ma non lo è, perché è vero che sono finite le pagine del taccuino, ma un epilogo ci vuole, e ci sarà. Giusto una puntata. Ma che abbia il sapore di ciò che, un tempo, chiamavamo: finale.

Epilogo, dunque. Come promesso, dalla Grande Muraglia.

EPILOGO

La Grande Muraglia

Simatai (Pechino). Ve l'avevo detto che avrei scritto il finale sulla Grande Muraglia. Sembra un rito deficiente, e forse lo è, ma il fatto è che non mi riesce veramente di spiegare cosa ho in testa senza raccontare questo serpentone di pietre e follìa. È una specie di immagine guida, per me. Così mi son detto: chissà com'è pensare un'immagine mentre ci stai camminando sopra. Una cosa da Gulliver: fare trekking dentro a un proprio pensiero.

Potevo resistere?

Sembra un serpente ubriaco, ma in verità una logica c'è, e il principio sembra essere questo: costruisci una torre in cima a una collina, poi guardi verso ovest e cerchi il punto più alto che c'è nel raggio di una settantina di metri, diciamo la distanza da cui è visibile una lanterna nella notte. In quel punto costruisci un'altra torre. Infine colleghi le due torri con un camminamento alto qualche metro, e dotato di sponde. Se per fare questo devi scendere in una gola e poi risalire dall'altra, lo fai senza scomporti, e con serena pazienza. Se devi scalare un costone ripidissimo, lo fai senza smadonnare e con ferma determinazione. Ripeti questo gesto per due secoli e ottieni la Grande Muraglia.

È importante, per strada, non cambiare idea *mai*.

Conosco gente che *vive*, in quel modo.

Devo concludere che camminare per sette ore sulla Grande Muraglia è il modo più esatto di camminare per sette ore rimanendo nello stesso punto. Non c'è quasi divenire, e un unico gesto architettonico ti accompagna, immutabile, per chilometri, riproponendoti lo stesso taglio delle pietre, lo stesso colore delle sponde, la stessa idea di gradino, per chilometri. Ogni torre è la stessa torre, e solo la mutevole prospettiva di salite e discese ti certifica che, contro ogni apparenza, ti stai muovendo. Identica, la campagna, intorno. Quando ti sei spinto abbastanza in là da non incontrare proprio più nessuno, sorprendente ti risulta il potere ipnotico di quell'andare surreale, e i passi iniziano effettivamente ad apparirti come una discesa dentro se stessi, dove il barlume di movimento orizzontale che ancora percepisci tende a sfumare nella ben più chiara sensazione di una discesa verticale, quasi una caduta, lenta e ritmica, verso un punto cieco, sotto ai tuoi piedi. Così, mentre scambi la stanchezza per qualche forma di ascesi meditativa, il mondo effettivamente si spegne nel disegno della Muraglia, e la Muraglia si spegne nei tuoi passi, e i tuoi passi si spengono nelle mosse della tua mente, e alla fine resta il nocciolo duro di un pensiero, in questa aria tersa della mente che ho fatto migliaia di chilometri per raggiungere. Monsieur Bertin, penso. La cara vecchia tecnica di monsieur Bertin. Pazienza, fatica, silenzio, tempo, e profondità. Per ricompensa: il pensiero. La prossimità al senso delle cose.

Così mi fermo, e per un attimo ho l'assoluta ed errata certezza della superiorità indiscutibile del modello di monsieur Bertin. L'unico modo possibile di pensare, penso. Altro che i barbari.

Naturalmente so che non è vero, ma quassù non c'è nessuno a controllare, e non se ne accorgerà nessuno se, per un attimo, baro.

Così, con chiarezza, alla fine, e in modo penosamente antico, mi si srotola davanti agli occhi quel che ho imparato da questo libro, e quel che ho compreso.

In genere si crede che la Grande Muraglia sia una cosa antichissima, una specie di monumento estremo che affonda le radici nella notte dei tempi. In realtà, così come la conosciamo, con quel suo serpente di mura che inanella torrioni uno dopo l'altro, seguendo passivamente il profilo del paesaggio, la Grande Muraglia è una costruzione relativamente recente: un paio di secoli di lavoro, tra Millequattro e Milleseicento. Fu il parto di una singola dinastia, i Ming: la loro spettacolare ossessione. Apparentemente, l'idea era quella di difendersi dalle scorrerie dei nomadi del nord tirando su un muro che corresse dal mare fino alle profonde regioni occidentali. In realtà, la faccenda era assai più complessa. Dove noi tendiamo a vedere un dispositivo militare si nascondeva, invece, un modo di pensare.

A nord, nella steppa, c'erano i barbari. Erano tribù nomadi che non coltivavano la terra, praticavano la razzìa e la guerra come mezzo di sostentamento, ed erano splendidamente estranee alle raffinatezze della civiltà cinese. Quando il bisogno li incalzava, premevano ai confini dell'impero, e proponevano scambi commerciali. Se gli erano rifiutati, attaccavano. Per lo più, razziato il territorio, se ne scomparivano da dove erano venuti. Ma non mancò chi si spinse a conquistare l'intero impero: Kublai Khan era mongolo, e l'ultimo imperatore cinese, quello spodestato nel 1912, era mancese: barbari, tutt'e due, saliti al trono. Impensabile, ma vero.

Per secoli, le diverse dinastie avvicendatesi al potere si posero così il problema di come affrontare quella variabile impazzita che turbava la quiete dell'impero. Quella della muraglia era un'opzione, ma non l'unica. C'erano almeno due altre soluzioni possibili. La prima era invadere i barbari e sottometterli: abbastanza logica, per un impero, ma difficile da realizzare. I nomadi erano formidabili combattenti, e per sconfiggerli bisognava in certo modo accettare il loro modo di combattere e imitarlo. Inoltre, anche ammesso che si riuscisse a vincere, restava da capire cosa farsene di quelle steppe inospitali e come fare, poi, a presidiarle. La seconda opzione era piegarsi a commerciare con loro. Dico piegarsi perché l'idea di scambiare delle merci con i barbari era ritenuta una debolezza ai limiti dell'impensabile. Lo immaginate il Celeste Imperatore che si siede al tavolo con un barbaro e si piega al ricatto, offrendo prezioso grano in cambio di inutili cavalli? Dio non tratta con i selvaggi. Non accetta i loro doni, non riceve i loro ambasciatori, e neanche si sogna di leggere i loro messaggi. Non esistono, per lui.

Il fatto però era che quelli esistevano eccome. Così, per secoli, l'establishment militare e intellettuale cinese si esercitò intorno a quel dilemma delle tre possibilità: attaccare, commerciare o tirare su un muro? Suonava come un problema di strategia militare, ma loro ne fecero un problema quasi filosofico, intuendo che prendere una decisione equivaleva a scegliere una certa idea di se stessi, una certa definizione di cosa fossero l'impero e la Cina. Sapevano che attaccare e commerciare erano gesti che in qualche modo costringevano l'impero a uscire dalla tana, e l'identità cinese a misurarsi con l'esistenza di gente diversa. Il muro, invece, sembrava la sanzione stessa della compiuta perfezione dell'impero, la certificazione fisica del suo essere il mondo intero. Così facevano finta di interpellare i generali, ma era dai filosofi che si aspettavano una risposta. Insegnandoci, per sempre, che nel proprio rapporto coi barbari ogni civiltà reca inscritta l'idea che ha di se stessa. E che quando lotta con i barbari, qualsiasi civiltà finisce per scegliere non la strategia migliore per vincere, ma quella più adatta a confermarsi nella propria identità. Perché l'incubo della civiltà non è essere conquistata dai barbari, ma esserne contagiata: non riesce a pensare di poter perdere contro quegli straccioni, ma ha paura che combattendoci può uscirne modificata, corrotta. Ha paura di toccarli. Così prima o poi l'idea a qualcuno viene: l'ideale sarebbe mettere un bel muro tra noi e loro. Ai cinesi venne un sacco di volte, nel corso dei secoli. Era l'unico sistema di combattere senza sporcarsi le mani e rischiare contagi. Era l'unico sistema per annientare qualcosa di cui non erano disposti ad ammettere l'esistenza. Da un punto di vista filosofico, era geniale.

Dal punto di vista militare, va detto, non funzionò mai. Nessuna muraglia, né quella che vediamo oggi, né quelle, più modeste, che l'avevano preceduta, servì ad alcunché. I barbari ci arrivavano sotto, bestemmiavano un po', poi giravano il cavallo (decine di migliaia di cavalli) e iniziavano a galoppare lungo il muro. Quando finiva, ci giravano attorno e invadevano la Cina. Lo fecero più volte. Erano nomadi ed erano nati a cavallo: spostarsi di qualche migliaio di chilometri non gli cambiava un granché la vita. Più di rado, forse colpiti da umana impazienza, attaccavano un punto del muro, lo squarciavano e dilagavano al di là. Per cui non c'è dubbio: costruire, mantenere e presidiare quella muraglia aveva dei costi del tutto sproporzionati alla sua utilità militare. Solo un generale deficiente avrebbe potuto concepire un piano del genere. O un filosofo geniale, come iniziate a capire.

Così, ecco quello che siamo autorizzati a pensare della Grande Muraglia: non era tanto una mossa militare, quanto mentale. Sembra la fortificazione di un confine, ma in realtà è *l'invenzione* di un confine. È un'astrazione concettuale, fissata con tale fermezza e irrevocabilità da diventare monumento fisico e immane.

È un'idea scritta con la pietra.

L'idea era che l'impero fosse la civiltà, e tutto il resto fosse barbarie, e quindi non-esistenza. L'idea era che non c'erano gli umani, ma cinesi da una parte e barbari dall'altra. L'idea era che lì in mezzo ci fosse un confine: e se il barbaro, che era nomade, non lo vedeva, adesso l'avrebbe visto: e se il cinese, che era impaurito, se lo dimenticava, adesso se lo sarebbe ricordato. La Grande Muraglia non difendeva dai barbari: li inventava. Non proteggeva la civiltà: la definiva. Per questo noi la immaginiamo lì da sempre: perché antichissima è l'idea, cinese, di esser la civiltà e il mondo intero. Anche quando quel muro era giusto una catena di terrapieni accennata qua e là, per noi già si chiamava Grande Muraglia, perché rocciosa e monumentale ed era già allora l'idea che esistesse quel confine. Per secoli fu poco più che un'immagine mentale: realissima ma fisicamente inappariscente. Così, quando Marco Polo andò laggiù e raccontò tutto quel che vide, della Muraglia non fece parola. Possibile? Non solo possibile, ma logico: Kublai Khan era un mongolo, l'impero che Marco Polo vide era quello dei barbari vincitori che erano scesi dal nord e si erano presi la Cina. Esisteva nella loro mente quell'idea di confine? No. E, sparita dalla mente, la Grande Muraglia era poco più che qualche singolare fortificazione sperduta nel nord: per qualsiasi Marco Polo, era *invisibile*.

Così noi, oggi, nella Grande Muraglia possiamo leggere la più monumentale e bella enunciazione di un principio: la divisione del mondo tra civiltà e barbarie. Per questo sono venuto fin quassù. Volevo camminare sull'idea a cui avevo dedicato un libro. E capire qui cosa avevo imparato.

Lo voglio dire nel modo più semplice. Qualsiasi cosa stia accadendo, quando abbiamo percepito la spina nel fianco di una qualche razzìa, la mossa che abbiamo scelto di fare è stata alzare una Grande Muraglia. Apparentemente lo abbiamo fatto per difenderci. E siamo tuttora convinti in buona fede che sia per quello. E celebriamo il domestico eroismo di chi la difende ogni giorno, e di chi la costruisce, ottusamente, per migliaia di chilometri. Neanche la constatazione, facile, che quel muro non ha minimamente ridotto le razzìe, ci fa cambiare idea. Continuiamo a perdere pezzi, eppure il grottesco spettacolo di eleganti ingegneri affaticati dietro alla costruzione del muro continua a sembrarci lodevole. Ma la verità è che non stiamo difendendo un confine: lo stiamo inventando. Ci serve quel muro, ma non per tenere lontano quel che ci fa paura: per dargli un nome. Dove c'è quel muro, noi abbiamo una geografia che conosciamo, l'unica: noi di qua, e di là *i barbari*. Questa è una situazione che conosciamo. È una battaglia che sappiamo combattere. Al limite possiamo perderla, ma sapremo che abbiamo combattuto dalla parte giusta. Al limite possiamo perdere, ma non *perderci*. E allora avanti con la Grande Muraglia.

E invece è una mutazione. Una cosa che riguarda tutti, nessuno escluso. Perfino gli ingegneri, là, sui torrioni della muraglia, hanno già i tratti somatici dei nomadi che in teoria stanno combattendo: e hanno in tasca denaro barbaro, e polvere della steppa sui loro colletti inamidati. È una mutazione. Non un leggero cambiamento, non un'inspiegabile degenerazione, non una malattia misteriosa: una mutazione compiuta per sopravvivere. La collettiva scelta di un habitat mentale diverso e salvifico. Sappiamo anche solo vagamente cosa l'ha potuta generare? Mi vengono in mente di sicuro alcune innovazioni tecnologiche, decisive: quelle che hanno compresso spazio e tempo, strizzando il mondo. Ma probabilmente non sarebbero bastate se non fossero coincise con un evento che ha spalancato lo scenario sociale: la caduta di barriere che fin qui avevano tenuto lontana una buona parte degli umani dalla prassi del desiderio e del consumo. A questi *homines novi*, ammessi per la prima volta al regno dei privilegi, dobbiamo probabilmente l'energia cinetica indispensabile a realizzare una vera mutazione: non tanto i *contenuti* di quella mutazione, che sembrano ancora il prodotto di alcune élites consapevoli, ma di sicuro la forza necessaria a metterla in opera. E il bisogno: questo è importante: il bisogno. Probabilmente viene da loro la convinzione che senza mutazione saremmo finiti. Dinosauri in estinzione.

Quanto a capire in cosa consista, precisamente, questa mutazione, quello che posso dire è che mi pare poggi su due pilastri fondamentali: una diversa idea di cosa sia l'esperienza, e una differente dislocazione del senso nel tessuto dell'esistenza. Il cuore della faccenda è lì: il resto è solo una collezione di conseguenze: la superficie al posto della profondità, la velocità al posto della riflessione, le sequenze al posto dell'analisi, il surf al posto dell'approfondimento, la comunicazione al posto dell'espressione, il multitasking al posto della specializzazione, il piacere al posto della fatica. Uno smantellamento sistematico di tutto l'armamentario mentale ereditato dalla cultura ottocentesca, romantica e borghese. Fino al punto più scandaloso: la laicizzazione brusca di qualsiasi gesto, l'attacco frontale alla sacralità dell'anima, qualunque cosa essa significhi.

È quanto sta accadendo intorno a noi. C'è un modo facile di definirlo: l'invasione dei barbari. E ogni volta che qualcuno si erge a denunciare la miseria di ogni singola trasformazione, esentandosi dal dovere di comprenderla, la muraglia si alza, e la nostra cecità si moltiplica nell'idolatria di un confine che non esiste, ma che noi ci vantiamo di difendere. Non c'è confine, credetemi, non c'è civiltà da una parte e barbari dall'altra: c'è solo l'orlo della mutazione che avanza, e corre dentro di noi. Siamo mutanti, tutti, alcuni più evoluti, altri meno, c'è chi è un po' in ritardo, c'è chi non si è accorto di niente, chi fa tutto per istinto e chi è consapevole, chi fa finta di non capire e chi non capirà mai, chi punta i piedi e chi corre all'impazzata in avanti. Ma eccoci lì, tutti quanti, a migrare verso l'acqua. Per un certo tempo ho pensato che fosse una condizione legata a una certa generazione, quelli tra i trenta e i cinquant'anni: ci vedevo lì, in mezzo al guado, con la mente di qua e il cuore di là, mezzi mammiferi mezzi pesci, strappati in due da una mutazione arrivata troppo tardi o troppo presto: piccoli penosi monsieur Bertin sul surf. Ma scrivendo questo libro mi è apparso sempre più chiaro che quella condizione è di tutti, che il destino incerto e la schizofrenia irrevocabile dei primi mutanti è il dettato, ilare, che ci spetta. *"Contemplando i musi dei cavalli e le facce della gente, tutta questa viva corrente senza rive sollevata dalla mia volontà e che corre a precipizio verso il nulla nella steppa purpurea al tramonto, spesso penso: dove sono Io, in questa corrente?"* (Gengis Khan). Se c'è una risposta a questa domanda (Gengis Khan non se la fece mai, ma gliel'ha attribuita Viktor Pelevin*, ne *Il mignolo di Buddha)*, se c'è una risposta a quella domanda che tutti noi potremmo porci, allora io non la immagino diversa da questa: ognuno di noi sta dove stanno tutti, nell'unico luogo che c'è, dentro la corrente della mutazione, dove ciò che ci è noto lo chiamiamo *civiltà*, e quel che ancora non ha nome, *barbarie*. A differenza di altri, penso che sia un luogo magnifico.

La pensioncina ai piedi della muraglia ha le lanterne rosse e i serramenti di alluminio anodizzato*. Non c'è acqua calda, ma c'è la tivù, dove vedo uno che suona il flauto traverso con il naso. Poi vedo anche un telefilm con un bambino che vomita spaghetti. È tutto perfetto. In questa sera al neon posso scrivere l'ultima cosa che ho da dire.

Non c'è mutazione che non sia governabile. Abbandonare il paradigma dello scontro di civiltà e accettare l'idea di una mutazione in atto non significa che si debba prendere quel che accade così com'è, senza lasciarci l'orma del nostro passo. Quel che diventeremo continua a esser figlio di ciò che vorremo diventare. Così diventa importante la cura quotidiana, l'attenzione, il vigilare. Tanto inutile e grottesco è il ristare impettito di tante muraglie avvitate su un confine che non esiste, quanto utile sarebbe piuttosto un intelligente navigare nella corrente, capace ancora di rotta, e di sapienza marinara. Non è il caso di andare giù come sacchi di patate. Navigare, sarebbe il compito. Detto in termini elementari, credo che si tratti di essere capaci di decidere cosa, del mondo vecchio, vogliamo portare fino al mondo nuovo. Cosa vogliamo che si mantenga intatto pur nell'incertezza di un viaggio oscuro. I legami che non vogliamo spezzare, le radici che non vogliamo perdere, le parole che vorremmo ancora sempre pronunciare, e le idee che non vogliamo smettere di pensare. È un lavoro raffinato. Una cura. Nella grande corrente, mettere in salvo ciò che ci è caro. È un gesto difficile perché non significa, mai, metterlo in salvo *dalla* mutazione, ma, sempre, *nella* mutazione. Perché ciò che si salverà non sarà mai quel che abbiamo tenuto al riparo dai tempi, ma ciò che abbiamo lasciato mutare, perché ridiventasse se stesso in un tempo nuovo.

E adesso ci starebbe bene un bel paragrafo per spiegare cosa secondo me bisognerebbe portare in salvo nella mutazione. Ma il fatto è che non ho le idee molto chiare, al proposito. So che c'è sicuramente qualcosa, ma cosa, è difficile dirlo, adesso, con esattezza. Difficile. L'unica cosa che mi viene in mente è, ancora una volta, una pagina di Cormac McCarthy. È proprio al fondo di quel libro che già vi ho citato nelle epigrafi, ve lo ricordate? La storia dello sceriffo e del killer. "Cosa si dice a uno che per sua stessa ammissione non ha l'anima?" Ve lo ricordate? Bene. Quello è un libro davvero senza speranza, sembra la resa incondizionata a una mutazione rovinosa, nessuna speranza, nessuna via d'uscita. Però a un certo punto lo sceriffo passa vicino a una strana cosa, una specie di abbeveratoio scavato nella pietra dura a colpi di scalpello. È proprio nell'ultima pagina. Vede l'abbeveratoio e si ferma. E lo guarda. Una cosa lunga quasi due metri, e larga mezzo, e profonda altrettanto. Nella pietra si vedono ancora i segni dello scalpello. Sarà stato lì da cento, duecento anni, dice lo sceriffo. Così, dice, mi è venuto da pensare all'uomo che l'aveva fabbricato. Si era messo lì con una mazza e uno scalpello e aveva scavato un abbeveratoio che sarebbe potuto durare diecimila anni. Ma perché? In che cosa credeva quel tizio? Dovete pensare che lo sceriffo a quel punto è davvero stanco, non crede più in niente, e sta per chiudere la sua stella in un cassetto per sempre. Dovete immaginarvelo così. Mentre si chiede perché diavolo uno dovrebbe mettersi a scavare un abbeveratoio di pietra con l'idea di fare qualcosa che dura diecimila anni. In cosa bisogna credere, per avere idee del genere?

In cosa crediamo per avere ancora questo istinto cieco a mettere al sicuro qualcosa?

McCarthy, lui l'ha scritta così: "Penso a quel tizio seduto lì con la mazza e lo scalpello, magari un paio d'ore dopo cena, non so. E devo dire che l'unica cosa che mi viene da pensare è che quello aveva una sorta di promessa dentro al cuore. E io non ho certo intenzione di mettermi a scavare un abbeveratoio di pietra. Ma mi piacerebbe essere capace di fare quel tipo di promessa. È la cosa che mi piacerebbe più di tutte".

Applaudono molto, alla tivù, perché il tipo che suonava il flauto traverso col naso adesso lo fa tenendo in bilico sulla testa una quantità impressionante di piatti e bicchieri. Su un altro canale c'è il Milan. Sterile possesso palla. Fuori, nel buio, la Grande Muraglia. Ma impastata con il nero senza storia di una notte cinese.

Note
a cura di Sara Beltrame e Cosimo Bizzarri

ADDIO ALLE ARMI (p.65) Titolo originale *A Farewell To Arms*, è un romanzo di Ernest Hemingway, pubblicato negli Stati Uniti nel 1929 e in Italia solo nel 1943, perché censurato dal regime fascista. Racconta una storia d'amore ambientata in Italia durante la Prima guerra mondiale, nei giorni della battaglia di Caporetto. Dal romanzo sono stati tratti tre adattamenti cinematografici di cui l'ultimo, del 1996, diretto da Richard Attenborough.

ADORNO, THEODOR LUDWIG WIESENGRUND (p.22) Filosofo, sociologo e musicologo tedesco del secolo scorso, assieme al collega Max Horkheimer fu protagonista dell'esperienza critica della Scuola di Francoforte, proponendo interpretazioni originali della società borghese e capitalista e delle avanguardie musicali. Corrispondente di Walter Benjamin, probabilmente sottovalutò l'intensità con cui il suo amico e collega, sotto lo pseudonimo di Detlef Holz, intratteneva un altro ben più intimo carteggio: quello con sua moglie Gretel Karplus, alias Felicitas.

ALLUMINIO ANODIZZATO (p.179) Materiale utilizzato per ottenere dei conduttori con isolamento esterno; ottimo per fare serramenti, tegami, tostapane e biciclette.

ALTAVISTA (p.82) Uno dei più utilizzati motori di ricerca a livello mondiale prima dell'arrivo di Google.

ANASTASI, PIETRO (p.51) Centravanti della Juventus negli anni Settanta, grazie al suo talento istintivo approdò dalla lontana Sicilia alla nobile e laboriosa Torino; qui diventò un bomber e finì per essere il simbolo vivente di un'intera classe sociale, quella di chi lasciava a malincuore il Meridione per andare a guadagnarsi da vivere nelle fabbriche del nord.

ANCIEN RÉGIME (p.108) Così i rivoluzionari chiamarono il periodo della storia francese precedente il 1789, durante il quale, in una società ancora rigidamente divisa in tre ordini sociali, non c'erano state né libertà, né uguaglianza, né fraternità.

APRÈS MOI LE DÉLUGE (p.35) "Dopo di me il diluvio" è una frase che la leggenda attribuisce a Luigi XV, re di Francia dal 1715 (aveva 5 anni) al 1774: con queste parole, il sovrano predisse la tempesta rivoluzionaria che avrebbe travolto il paese dopo la sua morte. Nonostante il pronostico indubbiamente azzeccato, Luigi XV non fece assolutamente nulla per impedire che tutto ciò accadesse: debole e facilmente manipolabile, lasciò ai suoi successori un regno in evidente declino.

BERIO, LUCIANO E GLASS, PHILIP (p.35) Luciano Berio, recentemente scomparso, è il più grande compositore italiano di musica contemporanea, nonché un pioniere della musica elettronica. Philip Glass è un compositore di musica classica contemporanea, considerato un capofila del minimalismo americano; ha prestato le sue opere a varie forme di rappresentazione, dal teatro al cinema e nel 2005 ha debuttato con un'opera tratta dal romanzo di J. M. Coetzee *Aspettando i barbari*.

BLOG (p.80) "Sono una ragazza irachena e ho 24 anni. Sono sopravvissuta alla guerra", si legge nella prima pagina del blog di Riverbend dove una ragazza ha iniziato a scrivere il proprio diario su Internet all'indirizzo: www.riverbendblog.blogspot.com. Il termine blog deriva da "web log": traccia sulla rete. Nati nel

1997 in America, prendono piede in Europa nel 2001. Alcuni di questi diari, letti da milioni di persone, sono diventati libri. Proprio come è accaduto a Riverbend con *Baghdad Burning*.

BOCCHERINI, LUIGI (p.166) Compositore e musicista vissuto tra il 1743 e il 1805, la sua *Musica notturna delle strade di Madrid* è stata utilizzata come parte della colonna sonora del film *Master & Commander* di Peter Weir.

BORDOLESE (p.42) Oltre a essere una varietà di vino e una regione collinare nei pressi di Bordeaux, identifica anche una particolare forma di bottiglia caratterizzata dal corpo cilindrico, la spalla pronunciata e il collo piuttosto lungo; utilizzata sia per i vini bianchi che per i rossi, è oggi la bottiglia più diffusa al mondo.

BRERA, GIANNI (p.48) Scrittore e giornalista italiano, è passato alla storia come colui che per primo ha contaminato le cronache calcistiche con uno stile narrativo elaborato, fatto di creatività e grande padronanza della lingua.

BURGNICH, TARCISIO (p.57) Detto "'a roccia", fu terzino, stopper e libero di diverse squadre italiane, tra cui la grande Inter degli anni Sessanta: rappresenta il prototipo del difensore massiccio, arcigno e poco propenso alle folate offensive.

CAPODISTRIA (p.51) È una città costiera slovena, che in passato ha fatto parte del territorio italiano. Alla fine del 1968 partì sulle frequenze di TV Lubiana una trasmissione quindicinale dedicata alla minoranza italiana che ancora viveva in Slovenia e Croazia. Sull'onda del successo dell'iniziativa nel 1971 nacque Telecapodistria, che fu molto seguita anche in Italia, dove si affermò come televisione a colori (la prima) dalla programmazione eclettica, con ampio spazio dedicato allo sport.

CENA, JOHN (p.20) È un lottatore statunitense che da qualche anno agguanta, strozza, colpisce, calcia e plana nell'inverosimile circo della *World Wrestling Entertainment*, la federazione americana di questo spettacolare sport, pronipote della lotta libera. Le sue mosse più celebri sono la *FU* (che sta per "Fuck You") e la *STFU* (acronimo di "Shut The Fuck Up"). È stato ospite al Festival della canzone italiana di Sanremo.

CLAYDERMAN, RICHARD (p.150) Pianista francese, è famoso per avere riarrangiato un vasto repertorio di canzoni popolari tra cui *Yesterday* e *The Sound of Silence*. Tuttora in attività, ha venduto dal 1960 al 2000 almeno 75 milioni di dischi.

CLICK (p.84) Sostantivo o verbo onomatopeico che riproduce il suono prodotto dal mouse ogni qual volta si chiede al computer di compiere determinate azioni.

CONFIT DE CANARD (p.33) È una ricetta della cucina francese basata sulla cottura e conservazione della carne d'anatra nel suo stesso grasso. Ingredienti per quattro persone, secondo il Petit Larousse de la Cuisine: un'anatra grassa, tre spicchi d'aglio, due rametti di timo, una foglia d'alloro, un chiodo di garofano, otto cucchiai da zuppa di sale grosso.

CONRAD, JOSEPH (p.140) Di origini polacche, fu marinaio e scrittore. In inglese, la sua terza lingua, creò alcune delle pietre miliari della letteratura moderna, tra cui *Cuore di tenebra* (1899) e *La linea d'ombra* (1917).

CRUYFF, JOHAN (p.57) Mezzala olandese, incantò le platee degli stadi olandesi, spagnoli e americani dagli anni Sessanta agli anni Ottanta, per poi proseguire la sua carriera nel mondo del calcio come allenatore. Ha vinto un po' di tutto e si è guadagnato diversi soprannomi tra cui Tulipano Volante, Pelé bianco, Profeta del Goal e Papero d'Oro.

DE GASPERI, ALCIDE E L'UDC (p.35) Alcide De Gasperi, uomo politico e statista italiano, fu cofondatore della DC (Democrazia Cristiana), il maggiore partito italiano dalla fine della Seconda guerra mondiale agli anni Novanta, e primo Presidente del Consiglio dei ministri dell'Italia repubblicana. L'UDC (Unione dei Democratici Cristiani e di Centro) è un partito politico italiano fondato nel 2002 con l'intenzione di raccogliere l'eredità della grande DC; per il momento, è il terzo partito della Casa delle Libertà, la coalizione che fa capo a Silvio Berlusconi.

DE' NOANTRI (p.25) È un'espressione della parlata romanesca che traduce l'italiano "di noi altri" o "nostro". Sta a indicare che l'argomento della conversazione è una versione dozzinale o casalinga dell'originale.

FARE LA DIAGONALE (p.55) Nel calcio, è un movimento della difesa a zona, secondo cui i difensori devono formare una diagonale, gli estremi della quale sono il giocatore che marca stretto il portatore di palla e quello che si piazza sull'altra ala del campo, con compiti di copertura.

FAULKNER, WILLIAM CUTHBERT (p.25) Scrittore americano, visse e lavorò a New Albany, Mississippi, nel profondo sud degli Stati Uniti. Lo stile complesso e lo spessore psicologico dei suoi scritti gli valsero il Premio Nobel per la letteratura nel 1949. Tra i suoi romanzi, *La paga del soldato* (1926), *L'urlo e il furore* (1929), *Le palme selvagge* (1939) e *I saccheggiatori* (1962).

FERLINGHETTI, LAWRENCE (p.21) Poeta, pittore ed editore nato a New York nel 1919, è stato cofondatore, insieme a Peter D. Martin, di City Lights, la casa editrice e libreria che ha dato voce ai primi lavori della Beat Generation. Nel 1956 finì in prigione per aver pubblicato *Howl* di Allen Ginsberg. La sera del 14 ottobre 2005, all'età di 85 anni, è stato fermato ancora, stavolta dalla polizia di Brescia, dopo che era stata segnalata, nei pressi di Contrada delle Cossere 20, la presenza sospetta di un uomo con barba bianca e cappotto. Era lui e stava cercando la casa natale di suo padre.

FNAC (p.141) È una catena francese di negozi che è sbarcata da qualche anno anche in Italia, Portogallo, Spagna, Svizzera, Grecia, Belgio, Brasile e Taiwan. In una FNAC si possono comprare libri, CD musicali, DVD, giochi per la Playstation, telefoni cellulari, impianti stereo, videocamere, giocattoli, hardware e software per computer, televisioni, macchine fotografiche, viaggi verso località esotiche, biglietti per partite di calcio e concerti.

FOR DUMMIES (p.140) È una collana di manuali monotematici scritti in modo semplice e comprensibile a chiunque. Prende il nome dall'aggettivo *dummy*: scemo, ottuso.

GIUSEPPE II (p.109) Imperatore del Sacro Romano Impero dal 1765 al 1790, fu un illuminato riformatore: durante il suo regno, soppresse la tortura, ridusse il potere ecclesiastico e introdusse il matrimonio civile e la libertà di stampa. Esperto di musica, quasi tutte le sere riservava un po' di tempo alla musica da camera: cantava abbastanza bene e sapeva suonare il violoncello e il pianoforte.

GOULD, GLENN (p.24) Grande pianista canadese, è scomparso nel 1982. Molti sostengono che il suo genio fosse dovuto in parte alla sindrome di Asperger, una forma di autismo caratterizzata da una marcata difficoltà nelle relazioni sociali. L'aspergeriano è ossessivo, iperfocalizzato, abile a ricavare dal dettaglio una visione d'insieme. Tutte caratteristiche che alcuni hanno ritrovato anche in Bill Gates.

IL LIBERO (p.56) Nel calcio, a partire dagli anni Cinquanta, è il termine con cui si definisce il difensore che, non avendo un avversario fisso da marcare, può venire in aiuto ai suoi compagni di reparto in caso di necessità. Solitamente nobile e dai piedi discreti, il libero ha sempre goduto di un particolare rispetto tra compagni e avversari. Con l'introduzione della difesa a zona, questo ruolo è andato lentamente scomparendo.

INGRES, JEAN-AUGUSTE DOMINIQUE (p.115) Pittore francese, nelle sue tele si concentrò soprattutto sui valori lineari e di superficie, affermandosi come un campione del neoclassicismo. A Parigi si affermò come ritrattista dell'alta borghesia. Il suo ritratto di Napoleone compare nel celebre videogioco *Myst*, ma il viso dell'Imperatore è stato sostituito da quello di Sirrus, uno dei personaggi del videogame.

INTERNET (p.88) È la rete delle reti e connette centinaia di milioni di computer in tutto il mondo. Suo progenitore è considerato il progetto ARPANET, del Dipartimento della Difesa statunitense, nato nel 1969. Il progetto prevedeva la connessione tra loro di quattro centri di ricerca americani.

IPOD (p.98) È un lettore portatile di musica digitale prodotto da Apple Computer che, fin dalla sua nascita nell'ottobre 2001, ha avuto grandissimo successo. La sua versione più diffusa si chiama Nano e ha l'aspetto di una barretta di cioccolato bianco o nero.

ISHMAEL (p.146) È il nome del protagonista e narratore del capolavoro di Herman Melville *Moby Dick*, pubblicato nel 1851. Il romanzo, poco apprezzato dai contemporanei dell'autore, solo più tardi riemerse dal *mare magnum* della letteratura ed è oggi considerato uno dei capolavori assoluti della narrativa moderna.

IVANHOE (p.146) È un romanzo scritto da Walter Scott nel 1819, che parla di intrighi d'amore e di potere in Inghilterra, ai tempi di Re Riccardo Cuor di Leone e delle Crociate. Morto all'età di 61 anni, Sir Scott scrisse 55 opere, con una media di 1,11 opere l'anno.

KRAUS, KARL (p.137) Scrittore, giornalista, saggista ma soprattutto poeta e autore satirico. Nato in Austria nel 1874, viene ricordato anche per le sue critiche alla stampa tedesca, a un certo modo di fare cultura e, di conseguenza, alla politica. Tra la fine del 1930 e gli inizi del 1931, Walter Benjamin pubblicò sul quotidiano *Frankfurter Zeitung* un lungo saggio a puntate, che ne analizzava a fondo l'opera e la vita.

LINKS (p.88) Parola inglese, significa *collegamenti*.

MAHLER, GUSTAV (p.141) Musicista austro-boemo vissuto tra l'Ottocento e il Novecento, fu famoso tra i suoi contemporanei soprattutto come direttore d'orchestra. Solo più avanti venne riconosciuto il suo genio di compositore: portò, infatti, diverse innovazioni alle partiture classiche, anticipando la poetica dell'espressionismo e utilizzando in modo originale la tradizione musicale popolare. Completò nove sinfonie e scrisse diversi canti, *Lieder*, tra cui i *Canti di uno in cammino* (1883-1885) e i *Canti dei bambini morti* (1901-1904). Uomo dal carattere difficile, nel 1910, per superare lo shock del tradimento della moglie, entrò in terapia da Sigmund Freud.

MCCARTHY, CORMAC (p.25) È considerato uno dei più grandi romanzieri americani contemporanei. Attualmente, vive con la moglie e il figlio nella sua casa di Santa Fe, New Mexico, e per scrivere si serve di una Olivetti Lettera 32 di colore blu. È riservato e non ama rilasciare interviste. Se l'avete visto suonare una chitarra folk in qualche locale del Maine, con tutta probabilità non era lui, ma il suo omonimo Cormac McCarthy, cantautore.

(MICROSOFT) WINDOWS (p.86) È una famiglia di sistemi operativi prodotta da Microsoft a partire dal 1985 per l'utilizzo su personal computer. In informatica, un sistema operativo (abbreviato in SO, o OS all'inglese) è il programma responsabile del diretto controllo e gestione dell'hardware che costituisce un computer e delle operazioni di base.

OMBRE ROSSE (p.139) Titolo originale *Stagecoach*, è un celebre film western del 1939, che ha consegnato il regista John Ford e il protagonista John Wayne alla storia del cinema di tutti i tempi. Nel film, una diligenza su cui viaggia un concentrato della variegata società americana corre verso il New Mexico, sotto la minaccia di un imminente attacco dei misteriosi indiani Apache.

PARISE, GOFFREDO (p.72) Scrittore, grandissimo. Nato a Vicenza nel 1929 e morto a Treviso nel 1986, pubblica il suo primo romanzo *Il ragazzo morto e le comete* nel 1951. La sua opera più nota è *Il prete bello*, nella quale, così come negli altri due romanzi *Il fidanzamento* e *Atti impuri*, racconta la profonda ipocrisia della provincia veneta. Vince il Premio Strega nel 1982 con *Sillabario n.2*. Grande amico di Guido Piovene.

PELEVIN, VIKTOR (p.179) È il più famoso fra gli scrittori

russi della post-perestrojka. Amatissimo tra i giovani del suo paese e recentemente tradotto in molte lingue, Pelevin preferisce tenersi lontano dai riflettori. Di lui si sa che ogni tanto, per snobbare il mondo, si rifugia in qualche monastero e che rifiuta fermamente il ruolo di portavoce politico o ideologico della sua generazione.

PHILIPS (p.17) L'illuminante carriera dei fratelli Gerard e Anton Philips cominciò nel 1891 a Eindhoven, Olanda, con una società di lampadine elettriche. Nel corso dei decenni, la Philips è cresciuta sino a diventare la più grande azienda europea nel settore elettronico. Nel suo palmarès, il brevetto del CD e il salvataggio di 382 impiegati ebrei dalla persecuzione nazista.

PIOVENE, GUIDO (p.72) Grande amico di Goffredo Parise, nato a Vicenza nel 1907 e morto a Londra nel 1974. Giornalista del *Corriere della Sera*, lavorò con Dino Buzzati e Indro Montanelli e fu inviato per la testata da Londra e da Parigi. Di lui si ricordano sia i reportage di viaggio che i romanzi. *Le stelle fredde*, pubblicato nel 1970, gli valse il Premio Strega.

PORTALI (p.82) Nati come evoluzione dei motori di ricerca, hanno associato agli strumenti tipici di questi (*search engines* e categorizzazione delle informazioni) altri servizi, informativi e non, allo scopo di proporsi come accesso preferenziale e guida per la navigazione via Internet.

PROUST, MARCEL (p.22) Scrittore francese, visse a cavallo tra l'Ottocento e il Novecento. Il suo monumentale romanzo *Alla ricerca del tempo perduto*, prima di diventare un grande classico, fu rifiutato così da un editore che ne aveva letto il primo volume: "Dopo settecentododici pagine di questo manoscritto – dopo infinite desolazioni per gli sviluppi insondabili in cui ci si deve sprofondare ed esasperanti momenti d'impazienza per l'impossibilità di risalire alla superficie – non si ha nessuna idea di quello di cui si tratta. Che scopo ha tutto questo? Che cosa significa? Dove ci vuole condurre? – Impossibile saperne e dirne nulla".

REPORT (p.159) Programma televisivo d'inchiesta in onda su Rai Tre, l'autrice e conduttrice Milena Gabanelli l'ha reso un'esperienza unica nell'ambito del videogiornalismo italiano, per il rigore documentale e l'approccio non ideologico al reportage di denuncia.

RETE (p.85) Sinonimo di Internet.

ROCCO, NEREO E OSVALDO BAGNOLI (p.48) Sono due allenatori che hanno fatto la storia del calcio italiano. Il primo, coach di Padova, Milan, Fiorentina, è considerato il padre del cosiddetto *catenaccio*, lo stile di gioco difensivo e rude che è diventato sinonimo di italianità in tutto il mondo. Il secondo, negli anni Ottanta, portò nel giro di tre stagioni l'Hellas Verona dal purgatorio della Serie B allo scudetto in Serie A.

SALIRE NELLE PRIME POSIZIONI (p.86) È il sogno di tutti coloro che hanno un sito e che, digitandone nome e parole chiave in un motore di ricerca, vorrebbero vederlo balzare ai primi posti tra i risultati.

SCARICARE L'INTERO WEB (p.83) Il *downloading* o scaricamento è il prelievo da Internet di un file o di un programma per trasferirlo sul proprio computer.

SCHIKANEDER, EMANUEL (p.63) Artista e uomo di spettacolo tedesco, fu attore, cantante, librettista, imprenditore culturale e direttore di teatri. Si affermò nel 1777 a Monaco interpretando Amleto. Nell'arco della sua vita fu collaboratore di Mozart, per il quale scrisse il libretto del *Flauto Magico* e interpretò il personaggio di Papageno, e di Beethoven, cui diede ospitalità nel suo teatro. Morì pazzo.

SCHIVELBUSCH, WOLFGANG (p.10) Autore tedesco, saggista eclettico. Ne *La cultura dei vinti* affronta il problema di come un paese che ha perso una guerra metabolizzi il trauma della sconfitta. Per sostenere questa tesi, Schivelbusch analizza la storia del Sud degli Stati Uniti dopo la guerra di Secessione, la storia della Francia dopo la guerra Franco-Prussiana e quella della Germania dopo la Grande guerra.

SCHÖNBERG, ARNOLD (p.128) Viennese, è uno dei più celebri compositori d'avanguardia della prima metà del Novecento; da autodidatta della musica arrivò a ideare una nuova tecnica compositiva, basata su una serie comprendente tutte le dodici note della scala musicale. Il cosiddetto metodo dodecafonico, che avrebbe inciso profondamente sulla storia della musica, fu inizialmente avversato e additato con scandalo dal pubblico dei teatri viennesi.

SILICON VALLEY (p.84) È il nome corrente, coniato nel 1971 dal giornalista Don C. Hoefler, per indicare la parte meridionale della San Francisco Bay Area, famosa per la fortissima concentrazione d'industrie di semiconduttori e computer. La Hewlett-Packard è la prima azienda di elettronica civile nata lì.

SOFTWARE (p.93) Termine inglese composto da *soft* (soffice, adattabile) e *ware* (elemento). In ambito informatico è l'insieme dei programmi che consentono il funzionamento di un elaboratore elettronico.

TRILOGIA DEGLI ANTENATI (p.64) È la raccolta che riunisce tre romanzi brevi di Italo Calvino ambientati in tre distinti e lontani passati: *Il visconte dimezzato* (1952), *Il barone rampante* (1957) e *Il cavaliere inesistente* (1959). I protagonisti dei romanzi sono il visconte Medardo di Terralba, dimezzato in guerra da una palla di cannone, il barone Cosimo Piovasco di Rondò, che si ostina a vivere sugli alberi, e il cavaliere Agilulfo, un'armatura vuota.

UOVO AL PALETTO (p.68) È una maniera di cucinare le uova. A seconda delle interpretazioni simile o identico all'uovo fritto, va cotto diligentemente, in modo che la parte bianca, albume, risulti densa ma non gelatinosa e vada a ricoprire la parte rossa, il tuorlo, che invece rimane quasi cruda.

VALLA, LORENZO (p.160) Umanista italiano, visse nella prima metà del 1400. Viene ricordato soprattutto per avere dimostrato, con metodo filologico, la falsità della *Donazione di Costantino*, documento medievale che pretendeva di legittimare storicamente il potere temporale dei papi. Si dice che fosse una persona irascibile e invidiosa.

VIRGILIO (p.82) Di lui si dice che sia il più "antico" portale italiano.

VONNEGUT, KURT (p.10) Scrittore di romanzi e racconti, è nato a Indianapolis, USA, nel 1922. Nel 2000 è stato nominato State Author for New York. I suoi scritti spaziano dalla fantascienza alla satira sociale e politica. Tra i suoi romanzi, i più famosi sono *Mattatoio n. 5 o La crociata dei bambini* (1969) e *La colazione dei campioni o Addio, triste lunedì!* (1973). Fuma sigarette Pall Mall senza filtro e ha dato il nome a un asteroide: il "25399 Vonnegut".

WAGNER, COSIMA (p.128) Figlia illegittima del pianista Franz Liszt e seconda moglie del compositore tedesco Richard Wagner, alla morte del marito prese la guida del teatro e del festival musicale di Bayreuth. Attorno a quest'ultimo, riunì un gruppo di intellettuali tra cui suo genero Houston Stewart Chamberlain, poi autore de *I fondamenti del XIX secolo*, opera antisemita da cui Hitler trasse diverse delle sue teorie razziste e antisemite.

WEB (p.81) Parola inglese che significa ragnatela. Per chi possiede un accesso a Internet, il Web o World Wide Web è una rete di documenti di diverse tipologie, legati tra loro da collegamenti ipertestuali.

WEILL, KURT (p.24) Nato nel 1900 e morto nel 1950, fu un grande musicista tedesco, noto per il sodalizio artistico con Bertolt Brecht. Ebreo, si rifugiò negli Stati Uniti per sfuggire alla persecuzione nazista e qui si dedicò soprattutto al genere della commedia musicale e alle colonne sonore per il cinema. La sua produzione è apprezzata tanto dai cultori di musica colta quanto da artisti come Sting, Tom Waits e Lou Reed.

YAHOO! (p.89) È uno dei motori di ricerca più utilizzati dopo Google.

Date
a cura di Sara Beltrame e Cosimo Bizzarri

12/05/06 Inizio

"Boicottare il mio film è da fascisti." Così replica Ron Howard, ex attore della serie televisiva *Happy Days* e regista de *Il Codice Da Vinci*, alle polemiche sollevate da Javier Echevarría, spagnolo, da oltre dieci anni alla guida degli 85.000 fedeli dell'Opus Dei.

Orologi di plastica "anti-scippo" (carini, colorati, easy-wearing) in regalo per gli ospiti che lasceranno i loro Rolex nelle casseforti degli hotel a 3, 4 o 5 stelle. Accadrà a Napoli se la proposta degli assessori regionali diventerà effettiva.

13/05/06 Epigrafi 1

È morto in diretta l'aquilotto siculo del Parco dei Nebrodi (Messina), primo animale a vedere violata la propria privacy da una webcam installata vicino al nido. Rimane senza vincitori il concorso "Dai un nome all'aquilotto e racconta la sua storia".

17/05/06 Epigrafi 2

Fidel Castro s'infuria con la rivista *Forbes* per essere stato inserito al settimo posto nella classifica degli uomini di stato più ricchi del mondo; secondo le stime effettuate, il suo patrimonio ammonta a 900 milioni di dollari. *Forbes* ritratta.

Il Jackpot (con sei punti) del Superenalotto della prossima estrazione sarà di 26 milioni e 500 mila euro.

A Firenze un cane e il suo padrone si sono incontrati dopo cinque mesi nell'area riservata ai colloqui fra i carcerati e i loro parenti. È successo nel carcere fiorentino di Sollicciano dove il giovane, arrestato agli inizi dell'anno, ha potuto rivedere il suo Dobermann.

Oggi in un'intervista di Vittorio Zambardino a Derrick De Kerckhove, direttore del "McLuhan Program in Culture & Technology", si legge: "Il giornale è di fronte a una sfida, perché con la rete nasce una nuova scansione di tempo (…) mentre il web è l'accumularsi dei frammenti in un continuum temporale, non è però visione d'insieme, non è sinossi. L'ancoraggio alla sinossi, in un arco temporale dato, è il dono che il giornale ha fatto all'umanità e che resta incancellabile".

19/05/06 Epigrafi 3

Scontri durissimi in Afghanistan dove i taliban hanno assalito in massa Musa Qala. I governativi sono così costretti, per difendersi, a chiedere aiuto alla coalizione. Moriranno 25 taliban, 50 studenti coranici, 13 poliziotti e Nichola Kathleen Sarah Goddard, capitano del 1° reggimento del Royal Canadian Horse Artillery, rimasta uccisa nello scontro. È la prima canadese a cadere dalla fine della Seconda guerra mondiale.

Allarme negli aeroporti USA per un nuovo modello di telefonino, proveniente dall'Europa. Ha l'aspetto di un cellulare classico ma in realtà è una pistola calibro 22, dotata di quattro proiettili. Per sparare, basta pigiare i tasti dal 5 all'8.

A Treviso, ricca e tradizionalista cittadina del Nord-est italiano, dilaga la moda dei *fever parties*, feste hard importate da Londra, che ricordano scene del film *Eyes Wide Shut* di Stanley Kubrick. A questi *rave*, cui possono accedere solo persone di un certo ceto sociale, la parola d'ordine è sesso no limits.

Presentato al Festival di Cannes l'ultimo film di Ken Loach *The Wind That Shakes the Barley*. In quest'opera il regista racconta l'imperialismo britannico in Irlanda negli anni Venti del secolo scorso. Sembra inevitabile il paragone con l'attuale condotta degli Stati Uniti in politica estera.

26/05/06 Vino 1

In questo stesso giorno, ma dell'anno 2013, uscirà il numero tremila di *Mickey Mouse*.

Ieri a Torino si è giocato il quinto turno delle trentasettesime "Olimpiadi degli Scacchi" in programma fino al 4 giugno. All'interno della stessa manifestazione ha avuto luogo anche il primo turno del "Quattordicesimo Campionato del Mondo dei Computer".

01/06/06 Vino 2

Pubblicato un reportage di Pietro Del Re nel quale si denunciano le reclusioni forzate negli ospedali psichiatrici russi di "personaggi scomodi". Tra questi Albert Imendayev, imprenditore, che voleva candidarsi alle elezioni regionali in Chuvashia, piccola repubblica sul Volga: internato per nove giorni fino alla chiusura delle liste elettorali.

A Zanzibar, Tanzania, scoppia la rivoluzione delle scimmie: migliaia di esemplari affamati devastano le piantagioni di manioca e i raccolti di banane, incuranti degli uomini che cercano di respingerle sparando.

Da oggi in Italia *Radio America*, l'ultimo film di Robert Altman presentato con grande successo all'ultimo Festival di Berlino. Alla seguente domanda dell'intervistatore (Antonio Monda): "Ha notato che anche in televisione c'è la tendenza a strutturare drammaturgie corali?" Altman risponde: "...Vedo poco la televisione e se si riferisce al grande successo di *Lost* devo dirle che l'unica cosa che so è che è molto apprezzato dalla critica e che mio genero è uno dei cameramen al lavoro sulla serie".

02/06/06 L'animale

Pubblicata l'anticipazione dei diari inediti che Jack Kerouac – autore di culto della beat generation – aveva tenuto tra il 1947 e il 1956.

Domani mattina in Italia: nuvoloso su isole e regioni del versante adriatico e ionico con isolati rovesci su Marche, Abruzzo, Molise, Puglia e versanti tirrenici di Calabria e Sicilia; bel tempo sulle regioni occidentali della Penisola. Temperature: in aumento al Nord; valori intorno ai 10 gradi. Venti: sostenuti i settentrionali.

Secondo il quotidiano berlinese *Der Tagesspiegel*, 47 sono le donne europee che hanno dato la propria disponibilità su un sito Internet a farsi esplodere in nome di Al-Qaeda. I due terzi sono tedesche, le altre belghe o danesi.

Sulla copertina dell'*Espresso*, Ricucci si chiede: "Perché mi tengono qua in galera e Moggi resta fuori?".

08/06/06 Calcio 1

Oggi, sui giornali e le riviste che hanno potuto accaparrarsela, appare la foto di Angelina Jolie e della neonata Shiloh Nouvel, nata in Namibia il 27 maggio. Domani, invece, su tutti i quotidiani del mondo apparirà un'altra foto: quella di Al Zarqawi, ucciso in Iraq. Bush dichiarerà: "Giustizia è fatta". La gioia di Blair: "Un colpo ai terroristi di tutto il mondo".

Muore a 54 anni Hilton Ruiz, grande pianista jazz. Aveva lavorato con Coleman, Gillespie e Mingus. *Something Grand* era stata inclusa nella colonna sonora del film *American Beauty*.

15/06/06 Calcio 2

Buone notizie per i bioterroristi: un giornalista di *The Guardian* dimostra di aver comprato via Internet senza alcuna difficoltà le sequenze di DNA di uno dei più devastanti virus della storia umana: il vaiolo.

Appaiono sul giornale le fotografie dal "pianeta Google", un centro informatico grande come due campi da calcio, in costruzione a The Dalles, Oregon, sulle rive del fiume Columbia, in un terreno alla vista arido e spazzato dal vento. La struttura occupa circa 30 ettari di terreno. All'interno dei palazzi ci saranno decine di migliaia di processori e di dischi.

Domani a Rimini Marc Augé inaugurerà il Festival del Mondo

Antico che si concluderà domenica 18 giugno. Nel suo discorso di apertura Augé parlerà di "natura umana". In un passo dirà: "L'avvenire è nel trans-culturalismo (itinerario individuale attraverso le culture) e non nel multiculturalismo".

Jerry Lewis è stato ricoverato a San Diego in California dopo essere stato colpito da un lieve infarto. L'attore ha 80 anni.

Stefano Bartezzaghi, in occasione dei Mondiali di calcio, pubblica un articolo intitolato *Benvenuti nello stadio di Babele*. Per indicare il *tunnel*, inteso in senso calcistico, in Inghilterra si dice "noce moscata", in Brasile "cannuccia", in Austria "cetriolino". E l'autogol per i giapponesi è il "punto suicida".

23/06/06 Libri 1

Nella laguna di Venezia è stata registrata la presenza di un'alga gigante di origine cinese. L'alga può raggiungere anche i tre metri d'altezza e arrampicarsi fino a un metro oltre il livello dell'acqua. Secondo alcune fonti sarebbe minacciosa, nociva e pericolosissima. Secondo altre, invece, ha proprietà altamente benefiche e curative soprattutto per capelli, unghie e pelle.

L'Accademia Americana delle Scienze pubblica i risultati di una ricerca sul riscaldamento globale del pianeta: a causa delle emissioni di gas serra, la terra non è mai stata così calda dai tempi della nascita di Cristo.

A richiesta, con *la Repubblica*, si possono anche comprare: *La Grande Enciclopedia della cucina internazionale* (giunta all'ultimo volume, il ventisettesimo, dedicato al whisky); il quinto volume di *Diabolik*; il primo volume di *Codice d'azione*, una serie di libri dedicati ai maestri dell'action thriller (questo mese: Dan Brown con *La verità del ghiaccio*); il terzo volume degli *Audiolibri* (Stefano Benni letto da Stefano Benni sulle musiche di Paolo Fresu, Gianluigi Trovesi, Umberto Petrin, Paolo Damiani, Roberto Dani); *Groove Club*, un doppio CD contenente brani di (tra gli altri): Incognito, Everything but the girl, The Brand New Heavies, Matt Bianco e Simply Red.

29/06/06 Libri 2

Sabato si aprirà sulle Dolomiti il Festival che unisce la montagna, le note e le parole. Al sorgere del sole, in quota, musicisti, scrittori, registi teatrali, si esibiranno all'aperto. L'idea degli organizzatori per le future edizioni è di realizzare un trekking musicale internazionale partendo dal Trentino e toccando altre vette.

"Sì, sono ambiziosa come mio nonno." Così Paris Hilton, nipote di Conrad Hilton Junior (fondatore della catena di hotel di lusso *Hilton*), annuncia l'uscita del suo primo album da solista, a breve in tutti i negozi di dischi.

30/06/06 Libri 3

La Corte Suprema dice no alla Casa Bianca: i prigionieri di Guantanamo non possono essere processati dai tribunali speciali militari voluti dal presidente americano Bush. I tribunali, infatti, violano la Convenzione di Ginevra e le stessi leggi americane.

"Grazie popolo Americano per *Love me Tender*." In visita negli

Usa, il Primo ministro giapponese Junichiro Koizumi, fan del rock, ha chiuso così la conferenza stampa con il presidente Bush. Poi si è recato a Memphis per visitare la casa di Elvis.

13/07/06 Google 1

Lo Stato Vaticano presenta i conti dell'anno 2005: per il funerale del Papa sono stati spesi 7 milioni di euro. In ogni caso, in cassa, l'avanzo rimane positivo: 9,7 milioni di euro (6,6 in più rispetto al 2004).

Marcello Lippi, dopo aver vinto il Mondiale, lascia la nazionale e si ritira provvisoriamente a vita privata.

Da domani, dopo quasi trecento anni di assoluzioni e condanne, dopo aver "ospitato" gente illustre come Casanova e Oscar Wilde, il generale Pinochet e l'oligarca Berezovskij, ma anche imputati letterari come il piccolo Oliver Twist, *Bow Street*, storico tribunale londinese, chiude per sempre le proprie porte.

Neil Coubeck, testimone chiave dello scandalo che ha interessato il colosso energetico Enron, è morto, forse suicida. Il banchiere era stato interrogato dall'Fbi e doveva testimoniare al prossimo processo contro altri tre impiegati di banca incriminati negli Usa in relazione al fallimento di Enron.

I ghiacciai spariranno entro il 2100. Nel contempo aumenta il fenomeno dei "laghi effimeri" sulle vette dell'Himalaya. Se le vaste polle d'acqua restano incontrollate, si rischiano esondazioni che porterebbero le acque a sommergere d'improvviso i paesi dei fondovalle.

20/07/06 Google 2

Amnesty International accusa Google, Yahoo! e Microsoft di violare la Dichiarazione Universale dei Diritti Umani: pur di espandere il proprio business in Cina, infatti, le tre società si sono piegate alle pesanti forme di censura imposte sul web dal governo di Pechino.

In Russia 500 grandi imprese usano la macchina della verità per assumere e licenziare il personale.

A Londra esplode la moda (fra i giovanissimi) di comprare via Internet lezioni per imparare il latino.

25/07/06 Google 3

Presentato, come evento speciale della Settimana della Critica al Festival di Venezia, un film dal titolo *La rieducazione* costato al collettivo Amanda Flor meno di un vestito firmato: 500 euro.

28/07/06 Esperienza

Grazie all'indulto, 12.000 detenuti usciranno dalle carceri italiane.

Christie's annuncia che a dicembre metterà all'asta il celebre tubino nero (lungo fino ai piedi, scollato sulla schiena, il più famoso del mondo, inimitato e inimitabile, meglio se abbinato a tre giri di perle) indossato da Audrey Hepburn in *Colazione da Tiffany*.

Effetti dell'indulto:
Nuoro: M.F., 32 anni e R.M., 28 anni escono di galera alle ore 18:00. Si ubriacano, aggrediscono alcuni poliziotti e tornano dentro per le 23:00.
Genova: G.C., 45 anni, esce alle 22:00 dalle porte del carcere di Marassi e rientra alle 3 di notte dopo aver tentato una rapina sfondando la vetrina di una pizzeria.
Trieste: G.M., 49 anni, uscito alle 16:00 dal carcere di Coroneo, armato di un paio di forbici, alle 24:00 tenta di rubare una FIAT 500. "Non so fare altro", dichiara, dopo essere rientrato nella stessa cella lasciata qualche ora prima.

Fidel Castro è ancora in grado di dare ordini e di nominare il suo successore ma non si fa vedere né riprendere per confermare che è vivo.

Oggi quarantaquattresimo giorno d'estate, il sole è a 131 gradi nella costellazione del Cancro e a 11 gradi nel segno del Leone. Il 56 per cento del disco della Luna (crescente) è in luce. L'età della Luna Nuova è di 9 giorni.

Domani mattina gli abitanti di via Anelli a Padova apriranno le finestre di casa e faranno molta fatica a vedere che cosa c'è oltre la strada. Questo a causa di una recinzione alta 3 metri che circonda un complesso nel quale vivono circa 1500 persone provenienti da 14 paesi diversi: Marocco, Nigeria, Tunisia, Senegal, Moldavia, Romania, Macedonia, Benin, Somalia, Sri Lanka, Pakistan, Togo, Costa d'Avorio, Sierra Leone. Nei piccoli bar e ristoranti nati nella zona si mangia comunque dell'ottimo cibo arabo.

10/08/06 Musica classica

Inizia l'allarme uragani. Nell'Ottocento si assegnava all'uragano il nome del santo del giorno in cui si manifestava.

A Londra, una vasta operazione di polizia porta all'arresto di 24 islamici accusati di essere pronti a far esplodere 10 aerei in partenza per l'America.

11/08/06 Monsieur Bertin

L'altro ieri Mick Jagger ha rivelato alla Virgin Radio di aver cominciato a prendere lezioni di canto due anni fa. "Per riscaldare le corde vocali", ha detto. "Meglio tardi che mai", ha aggiunto. "Erano 35 anni che non lo facevo", ha concluso.

Contro la contraffazione dei vini nel 2005 la Guardia di Finanza, i Nas e i settori antifrode del Ministero dell'Agricoltura hanno effettuato circa 9000 controlli in 6000 aziende verificando 18.000 prodotti e prelevandone 3700.

Bob Dylan firma un accordo con Apple: *Modern Times*, il suo ultimo album, uscirà alla fine di questo mese e sarà scaricabile su iTunes insieme a cinque video musicali.

Meno otto giorni al compleanno di Bill (Clinton). Per i 60 anni: festa al Beacon Theater di New York City con suonatina di Mick (Jagger) e degli Stones (Rolling). Il concerto sarà filmato da Martin (Scorsese).

12/08/06 Monsieur Rivière

Petrolio. Buone notizie da Nigeria e Alaska. Riapre l'impianto Shell in Africa e non chiude quello della Bp nel Nord America. Nel frattempo, la compagnia petrolifera anglo-russa TNK-BP ha venduto alla concorrente cinese Sinopec il 96,86 per cento del gruppo energetico Udmurtneft. Da quello che si mormora, Sinopec venderà il 51 per cento di Udmurtneft a Rosneft, il colosso del greggio controllato dal Cremlino. Le due società gestiranno Udmurtneft attraverso una holding.

Nel 2015 sarà terminata la costruzione del più grande telescopio del mondo. Ancora non si sa dove costruirlo (se in Antartide o in Cile). Si sa però che avrà uno specchio con un diametro di 42 metri e che costerà 750 milioni di euro.

Hongrui Jiang ha realizzato una lente minuscola (delle dimensioni di una lente a contatto) che permette agli umani di vedere il mondo come lo vedono mosche, api e locuste. Jiang è un giovane studente dell'università del Wisconsin.

Günter Grass, settantottenne scrittore tedesco e premio Nobel per la Letteratura, confessa per la prima volta di essersi arruolato volontario nelle SS durante la Seconda guerra mondiale.

17/08/06 Fatica

Apre a Teheran una mostra di 204 vignette anti-ebraiche, inviate da 60 nazioni. "Abbiamo allestito questa mostra per esplorare i limiti della tolleranza nella quale credono gli occidentali", ha dichiarato Massoud Shojai Tabatabai, capo dell'associazione dei vignettisti iraniana.

L'altro ieri i responsabili dell'archivio della Nasa hanno iniziato a battibeccare su chi, tra loro, avesse smarrito le cassette video originali con la registrazione del primo allunaggio umano.

26/08/06 Guerra

È morto Servaas ("Faas") Wilkes, calciatore olandese degli anni Cinquanta. Una mezzala delle migliori di tutti i tempi, giocò in Italia per Inter e Torino; i suoi insistiti dribbling, spesso paragonati a opere d'arte, gli valsero il soprannome di "Monna Lisa di Rotterdam".

Il mondo dell'editoria statunitense ha intuito un nuovo trend: accoppiare i romanzi a CD con le compilation consigliate dagli stessi scrittori per la lettura del loro libro. Bret Easton Ellis, ad esempio, ha inviato su *blog.largeheartedboy.com* la playlist per il suo ultimo romanzo *Lunar Park*, che contiene brani di Michael Jackson e Elton John.

09/09/06 Spettacolarità

La Juventus, dopo 109 anni di storia, debutta in Serie B a Rimini.

Tra due giorni verranno sparati per 732 chilometri, a una profondità massima di 11,4 chilometri, a una velocità prossima a quella della luce, alcune particelle di neutrini (che hanno poca propensione all'interazione con la materia e molta capacità di attraversare la roccia). Stazione di partenza: Svizzera. Stazione di arrivo: Abruzzo.

Il 15, 16, 17 settembre 2006 a Modena, Carpi e Sassuolo si tiene il Festival Filosofia sull'Umanità. Ci saranno 45 relatori. Di questi, solo 4 sono donne.

Nel 2005 sono stati spesi dalle procure italiane 262 milioni e 944 mila euro in intercettazioni telefoniche.

18/09/06 Nostalgia

Si dice che ultimamente, con l'avvento di YouTube e MySpace, Google stia perdendo la gara per la leadership nell'anticipazione dei trend in Internet. Forse per questo il 10 ottobre Google acquisterà YouTube per 1,65 miliardi di dollari.

Secondo nuovi studi, senza la capacità di applicazione (e quindi senza fatica) il talento non serve a niente e non si trasforma in genialità.

Da Roma, Papa Ratzinger fa sapere che un suo discorso, pronunciato qualche giorno prima a Ratisbona e ritenuto offensivo da molti musulmani, è stato travisato.

21/09/06 Passato

In un supermercato Coop di Roma, apre un punto vendita di farmaci acquistabili senza ricetta. È uno tra i primi effetti della legge sulle liberalizzazioni voluta dal ministro Bersani.

Ieri, in un'inchiesta pubblicata sul giornale, si diceva che nel Nord Italia un operaio su cinque fa uso di cocaina per lavorare e guadagnare di più.

Selam, che significa "pace", è il nome della "figlia" di Lucy, cucciolo dei nostri progenitori. Oggi si vede la sua foto stampata sul giornale. I suoi resti sono stati trovati in Etiopia e hanno 3,3 milioni di anni.

Domani uscirà nelle sale il film *L'Orchestra di Piazza Vittorio*. Un documusical di Agostino Ferrente.

23/09/06 Democrazia

La F. Duerr & Sons celebra il suo centoventicinquesimo anniversario vendendo un barattolo di marmellata (di questo si occupa) al prezzo di 1100 sterline. Una vera "pearl jam".

Sara, una ragazza romana di 30 anni, ha aperto il 15 settembre il suo blog. In una settimana ha raccolto 3000 commenti. Offriva una notte di sesso in cambio di un posto di lavoro con contratto a tempo indeterminato e almeno 1200 euro al mese di stipendio.

Muore, dopo 13 anni di lunga guerra, il tocai, il vino bianco secco più famoso del Friuli. Dal 2007 il marchio diventerà ungherese e il vino friulano da noi si chiamerà "friulano".

Sergey Brin e Larry Page, di Google, ricoprono il tredicesimo e il quattordicesimo posto (ma detengono il primato dei più giovani) nella classifica dei 400 Paperon de' Paperoni redatta da *Forbes*.

In questo mese l'indice dell'industria manifatturiera americana è sceso da 18,5 a meno 0,4 portandosi per la prima volta sotto zero da tre anni a questa parte. Secondo gli studiosi, quando questo indice si avvicina alla linea dello zero, significa che il sistema si sta avviando verso la recessione.

In Germania è deragliato un treno superveloce a levitazione magnetica. 23 i morti.

02/10/06 Autenticità

Elezioni presidenziali in Brasile: Lula andrà al ballottaggio.

L'India, dopo gli Stati Uniti e la Gran Bretagna, è il terzo paese al mondo per le pubblicazioni in lingua inglese.

10/10/06 Educazione

La prima vittima dell'effetto serra è la rana arlecchino. Le rane dal dorso colorato di giallo, rosso e nero stanno scomparendo per via della disidratazione. Muoiono con la pelle mangiata da un fungo che le ricopre come un sudario, bloccando l'assorbimento dell'acqua attraverso i pori.

Corea: esplosione nucleare sotterranea. È successo ieri alle 10:36 di Pyongyang.

Bloccato dal Garante della Privacy un servizio del famoso programma televisivo *Le Iene*: l'inchiesta in questione dimostra scientificamente che in Italia un deputato su tre si droga con cocaina o cannabis.

Tre giorni fa hanno assassinato la giornalista russa Anna Politkovskaja ma solo oggi viene pubblicato il testo di un suo intervento radiofonico registrato due giorni prima della sua scomparsa. Anna dichiara: "Il mio unico sogno è la giustizia per la gente in Cecenia".

14/10/06 Eliche

Muhammad Yunus, banchiere dei poveri, è premio Nobel per la pace 2006: nel 1974 ha inventato il micro-credito, prestando soldi ai poveri del suo villaggio per la realizzazione di piccoli progetti. Oggi ha 6 milioni di clienti sparsi in 40 paesi del mondo.

21/10/06 La Grande Muraglia

"Che uomo, Katzav: ha stuprato dieci donne." Durante la visita del Primo ministro israeliano Olmert a Mosca, un microfono lasciato accidentalmente acceso amplifica una battuta infelice di Vladimir Putin, che elogia il presidente israeliano, nei guai dopo aver ricevuto diverse accuse di violenza sessuale.

Resti umani a Ground Zero dopo più di cinque anni dagli attentati dell'11 settembre. Il ritrovamento è stato fatto da alcuni operai di una società elettrica aprendo l'asfalto nella parte nord-ovest della città. I parenti delle vittime chiedono spiegazioni e protestano.

Indice

Ultimi volumi pubblicati in
"Universale Economica"

Daniel Barenboim, *La musica è un tutto*. Etica ed estetica

Doris Lessing, *Echi della tempesta*

Ivana Castoldi, *Riparto da me*. Trasformare il mal di vivere in una opportunità per sé

Flavio Caprera, *Dizionario del jazz italiano*

Giorgio Candeloro, *Storia dell'Italia moderna*. Volume nono. Il fascismo e le sue guerre. 1922-1939

Giorgio Candeloro, *Storia dell'Italia moderna*. Volume decimo. La seconda guerra mondiale. Il crollo del fascismo. La Resistenza. 1939-1945

Luciano Bianciardi, *L'integrazione*

Gianni Mura, *Ischia*

Pierre Grimal, *L'arte dei giardini*. Una breve storia. A cura di M. Magi. Presentazione di I. Pizzetti

Vanna Vannuccini, Francesca Predazzi, *Piccolo viaggio nell'anima tedesca*. Nuova edizione

Osho, *L'eterno contrasto*. A cura di Anand Videha

Raquel Martos, *I baci non sono mai troppi*

Giovanni Testori, *La Gilda del Mac Mahon*

Daniel Pennac, *Storia di un corpo*

Antonio Tabucchi, *Autobiografie altrui*. Poetiche a posteriori

Baricco, Benni, Carofiglio, Covacich, Dazieri, Di Natale, Giordano, Pascale, Starnone, *Mondi al limite*. 9 scrittori per Medici Senza Frontiere. Disegni di E. Giannelli

Michel Foucault, *Follia e discorso*. Archivio Foucault 1. Interventi, colloqui, interviste. 1961-1970. A cura di J. Revel

Giorgio Bocca, *È la stampa, bellezza!* La mia avventura nel giornalismo

Gabriella Turnaturi, *Signore e signori d'Italia*. Una storia delle buone maniere

S.O.S. Tata. Dai 6 ai 9 anni. Nuovi consigli, regole e ricette per crescere ed educare bambini consapevoli e felici. A cura di E. Ambrosi

Richard H. Thaler, Cass R. Sunstein, *Nudge. La spinta gentile*. La nuova strategia per migliorare le nostre decisioni su denaro, salute, felicità

William McIlvanney, *Come cerchi nell'acqua*. Le indagini di Laidlaw

Richard Ford, *L'estrema fortuna*

John Cheever, *Sembrava il paradiso*

Domenico Rea, *Mistero napoletano*. Vita e passione di una comunista negli anni della guerra fredda. Postfazione di S. Perrella

Chiara Valentini, *Enrico Berlinguer*. Nuova edizione

Robyn Davidson, *Orme*. Una donna, quattro cammelli e un cane nel deserto australiano

Erri De Luca, *Solo andata*. Righe che vanno troppo spesso a capo

Paolo Sorrentino, *Tony Pagoda e i suoi amici*

Janne Teller, *Niente*

Paolo Rossi con Federica Cappelletti, *1982*. Il mio mitico Mondiale

Guido Crainz, *L'ombra della guerra*. Il 1945, l'Italia

Carlo Ginzburg, *Rapporti di forza*. Storia, retorica, prova

Leela, Prasad, Alvina, *La vita che vuoi*. Le leggi interiori dell'attrazione

Jean-François Lyotard, *La condizione postmoderna*. Rapporto sul sapere

Arnulf Zitelmann, *Non mi piegherete*. Vita di Martin Luther King

Ruggero Cappuccio, *Fuoco su Napoli*

Gianni Celati, *Recita dell'attore Vecchiatto*. Nuova edizione

Henry Miller, *Nexus*

Daniel Glattauer, *Per sempre tuo*

Louise Erdrich, *La casa tonda*

Amos Oz, *Tra amici*

José Saramago, *Oggetto quasi*. Racconti

Paolo Di Paolo, *Raccontami la notte in cui sono nato*. Con una nuova postfazione dell'autore

Michael Laitman, *La Cabbala rivelata*. Guida personale per una vita più serena. Introduzione di E. Laszlo

Patch Adams, *Salute!* Curare la sofferenza con l'allegria e con l'amore

Martino Gozzi, *Giovani promesse*

Alejandro Jodorowsky, *Il maestro e le maghe*

Benedetta Cibrario, *Lo Scurnuso*

Michele Serra, *Cerimonie*

Kahlil Gibran, *Gesù figlio dell'uomo*

Christine Rankl, *Così calmo il mio bambino*. Risposte equilibrate al pianto del neonato

Eugenio Borgna, *La solitudine dell'anima*

Lotte & Søren Hammer, *La bestia dentro*

José Saramago, *Lucernario*

Matthew Stewart, *Il cortigiano e l'eretico*. Leibniz, Spinoza e il destino di Dio nel mondo moderno

Giovanni Filocamo, *Il matematico curioso*. Dalla geometria del calcio all'algoritmo dei tacchi a spillo

Paolo Rumiz, *Annibale*. Un viaggio

Antonio Tabucchi, *Il piccolo naviglio*

Nicolas Barreau, *Con te fino alla fine del mondo*

Osho, *Il sentiero si crea camminando*. Lo Zen come metafora della vita

Stephen Nachmanovitch, *Il gioco libero della vita*. Trovare la voce del cuore con l'improvvisazione

Bushido, La Via del guerriero. A cura di Marina Panatero e Tea Pecunia

Giorgio Bocca, *Fratelli coltelli*. 1943-2010. L'Italia che ho conosciuto

Ervand Abrahamian, *Storia dell'Iran*. Dai primi del Novecento a oggi

Nouriel Roubini, Stephen Mihm, *La crisi non è finita*

Ermanno Rea, *La fabbrica dell'obbedienza*. Il lato oscuro e complice degli italiani

Massimo Mucchetti intervista Cesare Geronzi, *Confiteor*. Potere, banche e affari. La storia mai raccontata

Umberto Galimberti, *Le cose dell'amore*. Opere XV

Massimo Scotti, *Storia degli spettri*. Fantasmi, medium e case infestate fra scienza e letteratura

Rolf Sellin, *Le persone sensibili hanno una marcia in più*. Trasformare l'ipersensibilità da svantaggio a vantaggio

Alberto Pellai, *E ora basta!* I consigli e le regole per affrontare le sfide e i rischi dell'adolescenza

Bert Hellinger, *Ordini dell'amore*. Un manuale per la riuscita delle relazioni

Enrico Filippini, *L'ultimo viaggio*. Introduzione e cura di Alessandro Bosco. Nuova edizione rivista e accresciuta